BREVE ENCICLOPEDIA
DE
JUEGO
DE
TRONOS

MARTIN HOWDEN

BREVE ENCICLOPEDIA
DE
JUEGO
DE
TRONOS

Traducción de Albert Solé

GRUPO ZETA

Barcelona • Bogotá • Buenos Aires • Caracas • Madrid • México D.F.
Miami • Montevideo • Santiago de Chile

Título original: *A-Z Game of Thrones*
Traducción: Albert Solé
1.ª edición: marzo 2015
1.ª reimpresión: mayo 2015

© by Martin Howden, 2012, 2015
© John Blake Publishing Ltd., 2012
© Ediciones B, S. A., 2015
    Consell de Cent, 425-427 - 08009 Barcelona (España)
    www.edicionesb.com

Printed in Spain
ISBN: 978-84-666-5676-4
DL B 1481-2015

Impreso por QP PRINT

Para Vanessa Danz.
Gracias por todo tu apoyo y tu amor
mientras escribía este libro.
Sin ti, Fynn y Tallulah
no hubiera podido hacerlo.

ADAPTACIÓN

Era imposible llevar a la pantalla la saga de fantasía *Canción de Hielo y Fuego*; eso opinaban muchas personas y no es un detalle menor que entre ellas se contara su propio creador, George R. R. Martin. Era demasiado densa, tenía demasiados personajes y había demasiadas subtramas argumentales para que fuera posible entretejerlas todas en una película de tres horas. La palabra clave era «demasiado» y quitar algo sustancial era como manipular un castillo de naipes: un solo roce hace que todo se desmorone.

Además, había que pensar en los fans. La devoción no es incondicional y cortar rebanadas enteras de texto para hacer una película que llevara el título de la saga pero no su corazón hubiera despertado una reacción tan rápida como virulenta. Por otra parte, los lectores de esta saga no son los típicos del género. Martin le ha suministrado a la fantasía una inyección de literatura general, gracias al ritmo de la historia, la legibilidad de los personajes y la intensidad de las escenas de acción. Al prescindir del héroe, la ramera, el villano y la bruja, que son los ingredientes habituales de la fantasía, Martin le da una gran profundidad a sus personajes. Son personas de verdad en un mundo de verdad, al menos el mundo que él ha creado.

Había otra solución para resolver el problema del demasiado: adaptarla para televisión era claramente la mejor opción. Eso dejaba una puerta abierta, pero seguiría requiriendo paciencia. No se podía explicar todo y seguir algunas líneas argumentales resultaría al principio un poco difícil. No obstante, habría recompensas, ya que el mundo de Martin iría volviéndose más claro a medida que progresara la serie.

Por suerte, aquello no era nuevo para los telespectadores de las dos últimas décadas. Eso tenemos que agradecérselo a HBO, la cadena que iba a supervisar la adaptación televisiva de las novelas para convertirlas en la serie *Juego de Tronos*. HBO es, indiscutiblemente, la reina de la televisión refinada, gracias a su sistema de conseguir el dinero a base de suscripciones en vez de a través de la publicidad, lo que significa que no le afectan las habituales imposiciones con las que han de cargar otras cadenas.

Tras el éxito de series como *The Wire* y *Los Soprano*, entre otras, los telespectadores están acostumbrados a mundos en los que hay que meterse a fondo porque lleva tiempo que desplieguen las historias. Los personajes van tomando cuerpo en vez de aparecer a la primera de cambio como si ya hubieran alcanzado la cumbre de la virtud humana. A diferencia de lo que sucedía antes, cuando la televisión se consideraba la hermana fea del apuesto hermano que era el cine, ahora la pequeña pantalla puede ser garantía de excelencia; de hecho, mucha gente la elige para entretenerse el fin de semana y se pasa seis horas ante un mundo nuevo en el televisor en vez de ir al cine.

El viaje a la pantalla de *Juego de Tronos* empezó en 2006 en la comida que dos hombres jóvenes compartieron con uno de mayor edad, un orondo mago que suele ir completamente de negro. George R. R. Martin ya había oído de todo. Aquellos dos hombres no eran los primeros que acudían a él pensando en verter su descomunal saga a la pantalla. Desde que se publicó el libro por primera vez, Hollywood había cortejado a Martin. Él escuchaba, desde luego: siempre se mostraba cortés, reprimía los bostezos y evitaba poner los ojos en blanco cuando los productores entonaban odas a la franquicia al mismo tiempo que explicaban todas las escenas que tendrían que cortar para convertirla en una película. Luego Martin se iba a su casa tras rechazar la oferta, a pesar, como decía él, de las carretadas de dinero que le ofrecían. Se había resignado a que su serie nunca se viera en la gran pantalla.

Pero aquellos dos hombres, con los que Martin siguió hablando mucho después de acabada la comida, lo convencieron de que podían hacer lo imposible.

Weiss recuerda que recibió un paquete postal con los libros y leyó algunas páginas. El *algunas* pronto se convirtió en centenares y no tardó en hacer lo que no había hecho desde que era niño: devorar un libro y acabárselo en cuestión de días. Estaba enganchado, al igual que Benioff.

Benioff le contó a la web de entretenimiento *Collider*: «Nos mandaron los libros con la idea de que pensáramos en la adaptación cinematográfica. Pasamos una semana leyéndolos, una semana en la que nos lo pasamos mejor que con todo lo que habíamos leído hasta entonces, y nos dimos cuenta de que no funcionarían como largometraje, porque eran de una complejidad descomunal, con muchísimos personajes y subtramas argumentales.»

Vieron que la versión fílmica tendría que simplificarlo todo y «recortarlo hasta, quizás, una sola línea argumental, de modo que fuera la película de Jon Nieve o la película de Daenerys, o de cualquier otro, y probablemente acabaríamos eliminando alrededor del 95 % de los personajes, la complejidad y las líneas argumentales. Eso no nos interesaba. Queríamos mantenernos lo más fieles posible al mundo de George, sabiendo que iba a haber ciertas desviaciones, pero no queríamos desprendernos de todo aquello que lo hacía tan especial».

Benioff también explicaba que, a diferencia de muchas otras sagas de fantasía, aquellos eran libros escritos para adultos: «Esto no es fantasía escrita para chicos de doce años. Lo que no significa que no haya chavales de esa edad a los que les encantarían, pero en su mayor parte se trata de un público lector más sofisticado. Queríamos conservar eso y también la sexualidad de los libros. Una película apta para menores acompañados con un Tyrion que nunca dijera la palabra que empieza con *c*, no sería Tyrion, y queríamos conservar ese tipo de cosas. Sabes que a alguien le van a cortar la cabeza y que verás brotar la sangre, y no quieres quitarlo para que sea una película para menores acompañados, porque para eso solo puede haber dos derramamientos de sangre por hora.»

Martin se llevó una buena impresión de su encuentro con Benioff y Weiss, y se fue pensando que tal vez, solo tal vez, había encontrado su —pequeña, sin duda— partida de guerreros dispuestos a jugárselo todo para hacerse con su propia versión del Trono de Hierro adaptando *Canción de Hielo y Fuego*. Por su parte, ellos, como le habían dado vueltas a la idea de una película, también sabían que tendría que ser una serie de televisión y le plantearon la idea a la única cadena de verdad: HBO.

El 18 de enero de 2007, Martin dio la noticia que los fans de los libros habían estado esperando. HBO había adquirido los derechos para hacer la serie: «Sí, es cierto. El invierno va a llegar a la cadena HBO. *Canción de Hielo y Fuego* va a estar en muy buenas manos. Estoy muy contento de haber cerrado un acuerdo con HBO.»

No obstante, Martin, todo un veterano de la televisión, se apresuró a advertir a los nerviosos fans que tenían por delante «un largo y tortuoso camino». A lo que luego añadió que «una serie de televisión no se materializa de la noche a la mañana, claro está. No vais a ver *Juego de Tronos* en HBO la semana que viene ni la vais a grabar de TiVo el mes que viene. A lo mejor, el año que viene por estas fechas estaréis viendo a Tyrion y Dany y Jon Nieve en esos anuncios promocionales de HBO.

»Me han dicho que a HBO le gusta y están haciendo un presupuesto, pero todavía no le han dado luz verde. Además, los guionistas están en huelga, así que a saber lo que estará sucediendo en Hollywood. Pero HBO es lo que he querido para esto desde el primer momento. Cuando esté acabada la saga en los libros tendrá unas diez mil páginas y eso es demasiado incluso para una serie de películas. Por otra parte, hay un montón de sexo y violencia, lo cual hace que no haya pensado muy en serio en las cadenas de televisión. HBO puede hacerlo como hay que hacerlo; así que cruzo los dedos. Ahora todo está en manos de HBO».

El autor debería haber hecho caso de su propia advertencia. Desgraciadamente, no llegó al cabo de un año, ni de lejos. En junio de 2008 un Martin muy frustrado les contó a sus fans mediante una entrada de blog que «*Juego de Tronos* sigue siendo un guion que se desarrolla y no una serie que ya se produce».

Continuó la explicación en otra entrada del blog: «Desde el primer momento, me he dicho a mí mismo: "No te emociones mucho con esto porque si luego no sale adelante el golpe será terrible." Unas palabras muy sabias, aquellas. Soy un tío muy listo, pero decirlo es más fácil que hacerlo. He fracasado. No puedo estar más emocionado y si HBO decide pasar del asunto, por la razón que sea, me quedaré hecho polvo. Así que esperemos que, en lugar de eso, pronto se me vea dar saltos de alegría.»

Al principio se planteó que cada temporada durara doce horas; luego se rebajaron a diez. David Benioff —quien describió la serie como *Los Soprano* en la Tierra Media— y D. B. Weiss planearon adaptar una novela por temporada y pensaron escribir ellos todos los episodios de cada temporada excepto uno, del cual se encargaría el propio Martin. Al final no fue así y al equipo se unieron otros guionistas. A pesar de planear que Martin escribiera un episodio por temporada, no pasaba mucho tiempo en la grabación. Convocar a un escritor al plató de rodaje, dijo, es «de tanta utilidad como ponerle pezones a una coraza».

Por fin, la primera temporada empezó el 17 de abril de 2011, una fecha que marcaba el final, y de hecho también el principio, de años de sudor y lágrimas. Benioff admitió que trabajar en la serie fue un proceso aterrador, porque había que seguir con un proyecto disparatadamente ambicioso e intentar ignorar una vocecita interior que insistía en que quizá no hubiera público; es decir, que quizá todo aquel trabajo era en vano, ya que el éxito del libro no implicaba que la serie de televisión fuera a tener mucha audiencia.

Martin también estaba nervioso. Declaró a *The Guardian*: «Habían hecho cosas estupendas con el drama histórico en *Roma,* el western en *Deadwood*, el mundo de los gánsteres en *Los Soprano*. Habían redefinido cada uno de esos géneros y los habían puesto en otro nivel, así que pensaron que podían hacerlo con la fantasía. Ahora mismo estoy entusiasmado, pero tengo momentos de "Ay, Dios, ¿y si es terrible?, ¿y si es un fracaso?". He trabajado diez años en proyectos de Hollywood, series como *La Dimensión Desconocida* y un montón de pilotos que nunca vieron la luz, y me han partido el corazón unas cuantas veces, así que sé todo lo que puede ir mal.» Por suerte, aquel no iba a ser el caso, y Weiss y Benioff respiraron aliviados cuando las dos primeras temporadas demostraron que había mucho público convencional para la fantasía.

Sobre la adaptación de su serie, Martin dijo: «Me gusta que David y Dan estén haciendo una adaptación fiel, así que, cuando las escenas son los pasajes de los libros, me gustan. Y me gustan también las escenas nuevas, las que no están en los libros, sino que las añaden David, Dan y los otros guionistas.» No obstante, admitió que echaba de menos pasajes que habían quedado fuera, «las escenas de los libros que no están en la serie de televisión y que yo desearía que estuvieran. Cuando veo un episodio pienso: "Ah, ahora pasará esto", y entonces resulta que no va aquel fragmento, pero entiendo que tiene que ser así. Disponemos de diez horas, no hay más; no se pueden poner todos los diálogos y todos los incidentes en la serie de televisión, hay que ir directo al grano. Ojalá tuviéramos más de diez horas; no mucho más: doce por temporada sería ideal. Si hubiéramos dispuesto de esas dos horas extras, podríamos haber incluido algunas de esas pequeñas escenas de personajes que habrían ayudado a desarrollarlos y hacerlos más reales; elaborar su profundidad y sus contradicciones, y que sean un poco más sutiles. Pero no contamos con doce horas; tenemos diez. Habida cuenta de esa limitación, creo que la serie de televisión es extraordinaria».

ARYA STARK

A sus nueve años la segunda hija de Eddard y Catelyn Stark, Arya, es un muchachote. No se dedica a cantar canciones sobre reinas ni piensa en con quién se casará; a ella le gusta jugar con los chicos, saber más sobre los dragones y aprender a luchar con la espada. Al darse cuenta de ello, su medio hermano, Jon Nieve, le regala su primera espada, a la que Arya pone por nombre *Aguja*.

A Arya, su padre y su hermana, Sansa, los llevan a Desembarco del Rey, donde no tarda en quedar claro que sus vidas corren peligro. En vista de que no podrá mantener a raya a la impetuosa joven, su padre le busca un instructor en el manejo de la espada. A ella le encantan las clases con el excéntrico Syrio Forel, que le enseña el espectacular estilo de los braavosi. Más adelante, cuando muera su padre, será su protector.

Arya consigue escapar del castillo y vive en la calle buscando comida. Durante la ejecución de su padre la encuentra entre la multitud Yoren, un miembro de la Guardia de la Noche, que hace que aparte la mirada cuando decapitan a su padre. Luego le corta el pelo para que pueda pasar por un chico.

Más tarde los capturan y los llevan a Harrenhal, donde los hacen trabajar de sirvientes. Durante el viaje hasta allí, Arya rescata a un hombre llamado Jaqen, quien le cuenta que matará a tres personas en pago por haberlo salvado a él y a otras dos personas. Para entonces, Arya ya tiene una lista de las personas que la han tratado mal. Finalmente consigue escapar de Harrenhal y descubre que Jaqen puede cambiar la cara y pasar por cualquier persona. Jaqen le da una moneda de hierro por si vuelve a necesitarlo.

SPOILER

La Hermandad sin Estandartes descubre a Arya durante el viaje y más tarde la captura el Sabueso, cuyo plan es entregársela a su hermano Robb a cambio de una recompensa. Sin embargo, acaban en el lugar donde tienen lugar los acontecimientos de la trágica Boda Roja. Durante la matanza del hermano y sus hombres, el Sabueso deja sin sentido a Arya para protegerla y luego la lleva al Valle de Arryn, que está gobernado por su tía Lysa.

Más delante, Arya se dirige a Braavos para usar su moneda y se inicia en la sociedad de los Hombres sin Rostro, el enigmático grupo de asesinos del que era miembro Jaqen.

Tras un entrenamiento, Arya bebe un poco de leche, que a la mañana siguiente la ha dejado ciega. Adopta la apariencia de un pilluelo de la calle, y va haciéndose cada vez más experta en mentir y en detectar las mentiras de los demás. Recupera la vista tras haber superado una prueba.

Después de matar a su primer objetivo, le dicen que ya puede empezar con el aprendizaje de verdad.

El personaje de Arya lo interpreta Maisie Williams. Le encanta la interpretación desde pequeña, si bien se inclinaba por la danza. Cuando tenía diez años, se apunto en la escuela de danza Susan Hill, de la que recuerda lo siguiente: «Después de algún tiempo en la escuela, Susan me propuso que asistiera a un concurso en París. Salí de allí con una agente y una audición con Pippa Hall, que era la directora de *casting* infantil, para *Nanny McPhee 2*.»

Durante la prueba, Williams conoció a Eros Vlahos (que interpreta a Lommy Manosverdes). Así llegó a ella: «No conseguí el papel, pero llegué a la semifinal. En aquel momento me sentí muy decepcionada, pero ahora comprendo que llegar tan lejos ya fue un gran logro. Entonces mi agente, Louise Johnston, me llevó a una audición para el papel de Arya. Debo decir que al principio yo no tenía mucho interés, ya que seguía pensando en *Nanny McPhee 2*. Pero pasar por audiciones es siempre una buena experiencia, así que fui, ¡y después de la primera prueba en Londres supe que quería ser Arya!»

Williams tuvo que pasar tres audiciones para el papel. «La primera prueba fue en Londres a finales de junio; fue muy rápida, registrada en vídeo y con montones de aspirantes que se presentaban para ser Arya, Sansa o Bran. Cuando pasados unos días recibí una llamada para que volviera, me puse muy contenta. La segunda audición fue mucho más larga; tuve que interpretar la misma escena (una del Camino Real que luego no se utilizó en la serie) alrededor de cinco veces con tres chicas distintas que optaban al papel de Sansa; una de ellas era Sophie Turner. Enseguida nos caímos bien y las dos queríamos tanto quedarnos cada una con su papel como que la otra consiguiera el de la hermana para volver a encontrarnos. También hice una escena de Arya y Gendry del segundo libro. En la audición final tuve que hacer una prueba de pantalla con David Benioff y Nina Gold a comienzos de agosto. Lo pasé estupendamente y creo que quedó muy bien.

»Poco después estábamos haciendo el equipaje para ir a casa después de unas vacaciones [familiares] en Escocia cuando Louise, mi agente, llamó. Supe que eran buenas noticias cuando Louise quiso hablar conmigo antes que con mi mamá; las malas noticias llegan de mamá, las buenas de Louise. ¡Me emocioné tanto! No me lo podía creer. Unos días más tarde nos enteramos de que Sophie estaba interpretando a Sansa. ¡Estaba entusiasmada; era un sueño hecho realidad! Tardé un poquito en digerirlo pero era lo mejor que podía pasar.»

BODA ROJA

«La escena que no podemos mencionar. Recuerdo estar leyendo el libro cuando ni siquiera habíamos escrito el piloto y pensar: "Ay, Dios, esto tiene que salir bien. Hemos de conseguir que esta serie llegue a existir porque si somos capaces de hacer que esta escena funcione, va a ser de lo más grande que se haya visto nunca en cine o televisión"», eso decía Benioff y no bromeaba. La Boda Roja es una escena crucial de la serie, o puede que la escena crucial; un momento impresionante y sobrecogedor que te parte el corazón y te hiela la sangre en las venas.

La primera entrega de *Canción de Hielo y Fuego* puso de manifiesto, sin lugar a dudas, que el mundo de Martin es un lugar violento donde nadie está a salvo. Transmitir esa sensación era la intención deliberada del autor, que así lo explicaba en *Entertainment Weekly*: «Resulta muy irritante abrir un libro y saber a las diez páginas que el héroe, que acabas de conocer en la primera o en la segunda, siempre saldrá ileso de todo, solo porque es el héroe. Eso es completamente irreal y no me gusta. Si yo fuera un soldado que ha ido a la guerra, la noche anterior a una batalla estaría bastante asustado. Ir a la guerra da miedo.» Martin quería que sus lectores sintieran ese miedo, porque «quiero que sientan que nadie está a salvo; que si mi personaje está rodeado por tres personas que empuñan espadas, está metido en un buen lío, porque es uno solo contra tres. Es una manera excelente de dejar claro que no estás escribiendo la típica aventura de dibujos animados en la que el héroe va a matar de golpe a veinte hombres gracias a su brillante manejo de la espada, y luego saldrá de ahí sin que le hayan hecho un solo rasguño soltando una gracia detrás de otra».

La muerte de Ned dejaba claro que en Poniente no se iban a andar con chiquitas: personajes muy apreciados por el público han seguido la misma suerte. No obstante, ninguna muerte ha tenido tanto impacto, ni siquiera la de Ned Stark, como el derramamiento de sangre en la Boda Roja. Los acontecimientos están documentados en el tercer libro, *Tormenta de Espadas*, de manera que mucha gente esperaba que constituyeran el acontecimiento final de la tercera temporada, ya que los productores dividieron ese libro entre dos temporadas, la tercera y la cuarta.

SPOILER

Catelyn Stark sella el acuerdo con la Casa Frey para que su hijo Robb, a la sazón rey en el Norte, dirija la guerra contra los Lannister. Una de las condiciones del pacto es que se case con la hija de Lord Walder Frey. Robb, que se entera en ese momento, parece resignado a ello, para gran diversión de sus hombres. En la serie es un momento con poco peso y, sin embargo, pone en marcha una terrible sucesión de acontecimientos, que lleva a la muerte de Catelyn y de él mismo, así como de la mayoría de sus tres mil quinientos banderizos.

Robb no cumple el pacto matrimonial y se casa a espaldas de Lord Frey, que empieza a tramar la venganza con Tywin Lannister.

Como si fuera una oferta de paz, Frey invita a Catelyn y a Robb a la boda de su hija Roslin con Edmure Tully. Como ya han ofendido a uno de sus aliados, no pueden declinar la invitación.

La boda es un jolgorio estruendoso y Robb no se da cuenta de que sus banderizos empiezan a estar demasiado borrachos para lo que les espera ni de que los músicos son, en realidad, caballeros que esperan el momento de atacar. Y así ocurre: matan a los hombres del Norte. Las carpas preparadas para el banquete se desploman y acto seguido les prenden fuego.

Herido por las flechas, Robb muere cuando Roose Bolton (interpretado por el actor irlandés Michael McElhatton) le clava un cuchillo en el corazón. Los Frey cortan la cabeza del cuerpo sin vida de Robb y la de su lobo huargo; luego cosen la cabeza del animal al cuerpo de Robb como gesto de mofa sobre la relación que el rey muerto tenía con la criatura. A Lady Catelyn Stark le cortan el cuello y la tiran desnuda al río.

Martin escribió la escena cuando estaba trabajando en el tercer libro y sabía que esa escritura iba a ser desgarradora. Se la inspiró el joven rey de Escocia Jacobo II, al que decapitaron tras invitarlo a un castillo bajo la promesa de hacerse con un salvoconducto. Martin ha dicho sobre la escena: «[Fue la] que más me costó escribir. Era la más violenta y dificultosa de todas. He recibido muchísimos correos de los lectores diciendo que es brillante, pero otros dicen que no han podido seguir leyendo después de ese episodio y que han abandonado mi libro porque era demasiado doloroso. Esa era la intención, que fuera dolorosa. Escribirla lo fue y leerla también debería serlo, porque la idea es que la escena te arranque el corazón del pecho, y te llene de terror y de pena. Eso es lo que me esfuerzo en conseguir.»

A *Empire* le contaba: «Les tengo muchísimo apego a los personajes que he creado, sobre todo a aquellos que representan un punto de vista. Cuando estoy escribiendo desde el punto de vista de un personaje, me convierto en ese personaje; comparto sus pensamientos, veo el mundo a través de sus ojos e intento sentir todo lo que él siente. Cuando compartes ese vínculo con alguien, incluso aunque se trate de alguien ficticio, es duro matarlo. Por eso la Boda Roja era tan dolorosa, aunque no es el único episodio doloroso. Así que matar a determinado personaje que representa un punto de vista es duro, desde luego; pero, por otra parte, me encanta crear nuevos personajes, como se puede ver por los muchos que voy añadiendo sin parar.»

Richard Madden, que interpreta a Robb Stark, habló al *Baltimore Sun* de su inminente destino en pantalla: «No consigo dejar de pensar en esa escena. Desde el punto de vista fílmico, es la escena más impresionante que se pueda imaginar; impresiona de verdad. No he llegado a ese episodio en la lectura porque voy leyendo temporada a temporada para así poder seguir sorprendiéndome. Creo que esa escena va a resultar brillantísima; va a quedar perfecta. He tenido tanto tiempo para convertirme en ese personaje que no solo le tengo muchísimo respeto, sino que, además, siento que me pertenece.»

BRANDON STARK

Brandon, o Bran, como también lo llaman, es el segundo hijo de Eddard y Catelyn Stark, un muchacho al que le encanta la escalada. Se le puede ver a menudo encaramándose por los muros de Invernalia; por eso está en el lugar menos adecuado el día más inoportuno y ve a la reina Cersei, que está de visita, realizando el acto sexual con su hermano Jaime. Cuando lo descubren, Jaime lo tira por la ventana.

Brandon sobrevive, pero cae en coma. En ese estado intentan asesinarlo, pero lo evita su lobo huargo. Durante el coma, Bran tiene visiones en las que aparece un cuervo de tres ojos.

Cuando despierta del coma, Brandon descubre que ha quedado tullido, pero tiene la oportunidad de seguir montando gracias a un artilugio diseñado por Tyrion Lannister. Durante una de sus cabalgadas, cae en la emboscada de un grupo de salvajes. Robb y Theon los matan a todos, excepto a una mujer llamada Osha. La llevan a Invernalia como prisionera y acaba estableciendo un vínculo afectivo con Bran a causa de su sueño. Él se da cuenta de que puede ver a través de los ojos de su lobo huargo.

SPOILER
Cuando huyen de Invernalia tras la traición de Theon, terminan en el Bosque Encantado en busca del cuervo de tres ojos. Allí conocen a los Niños del Bosque y Bran se entera de que tiene un don: puede ver el pasado mediante la verdevivencia, pero su don todavía tiene que alcanzar la plenitud.

El personaje de Bran Stark lo interpreta Isaac Hempstead-Wright, un joven actor de trece años originario de Inglaterra. Había aparecido en la pantalla en 2011 interpretando a Tom en la película británica de terror *La maldición de Rookford*.

«En realidad fue una casualidad —dice acerca de cómo consiguió el papel—. Hacía teatro con un pequeño grupo y me enteré de que se había convocado una audición masiva para *Juego de Tronos*; y allí fui. Nunca había hecho una prueba como aquella.»

Isaac ve la serie con su familia y reconoce que se siente un poco incómodo al ver algunas escenas.

CANCIÓN DE HIELO Y FUEGO

Canción de Hielo y Fuego es, según el autor de la saga, George R. R. Martin, su obra magna: «Es lo más grande que he hecho y es el libro más ambicioso que he escrito en mi vida», dijo.

Empezó a componer la saga en 1991, mientras estaba escribiendo otro libro. Cuando escribía se le ocurrió de repente la imagen de unas criaturas llamadas *huargos* y esa imagen se amplió deprisa, hasta que en poco tiempo tuvo el primer capítulo en la mente: «Entonces escribí el segundo capítulo y el tercero, y de pronto supe que me había metido de lleno en ello. Al principio pensaba: "Esto es un relato" o "¿Es una novela corta? No, va a ser un libro; va a ser una trilogía".»

Esa decisión de que fuera una trilogía la tomó aquel mismo año 1991: «Desde Tolkien, las trilogías han sido una fórmula apreciada en la fantasía. Pero entonces me surgieron asuntos con Hollywood y la guardé en el cajón durante un par de años mientras hacía pilotos y ese tipo de cosas. Cuando volví a cogerla en 1994, la vendí como una trilogía; pero entonces, mientras estaba terminando aquel primer libro, me quedó claro que no conseguiría llegar al sitio donde quería al final de todos esos miles de páginas, así que empecé a hablar de cuatro libros; y en cierto punto del proceso empecé a hablar de seis libros. Pasé limpiamente por encima del cinco, nunca pensé que serían cinco. No escribo las cosas con sangre, pero siete suena bien. Siete dioses, siete reinos, siete libros... Hay una cierta elegancia en ese número que me gustaría conservar. Y cuando has establecido eso, lo principal es contar la historia, no pisar el acelerador o comprimirlo todo.»

Una parte del atractivo de la serie es que cada capítulo adopta un punto de vista diferente, lo que hace que los personajes pasen de héroe a villano y viceversa a medida que vamos oyendo los pensamientos interiores de la gente. Martin explicaba: «Todos tenemos razones para hacer lo que hacemos, incluso aquellas que podrían parecer malvadas vistas desde fuera. A veces se basan en suposiciones erróneas, o en un egoísmo innato o en compulsiones psicológicas, pero siguen siendo razones. Algunas de mis historias de ciencia ficción tratan ese tema de la telepatía. Si pudiéramos leer la mente de los demás, ¿iríamos al amor y la comprensión universales o a la repugnancia universal?»

El primer libro de la saga fue bien recibido y los críticos elogiaron *Juego de Tronos* por ser más que una mera epopeya de espada y brujería. Ganó varios premios y en 1997 obtuvo el premio Locus. El segundo, *Choque de*

Reyes, salió al mercado en 1998 y ganó el prestigioso premio Locus de ciencia-ficción; asimismo fue elogiada por la crítica. El tercer libro, *Tormenta de Espadas,* se publicó en el año 2000, precedido por una novela corta titulada *Camino de Dragón*, una compilación de algunos de los capítulos sobre Daenerys Targaryen. Para la tercera temporada de la serie, los productores desestimaron su idea de hacer una temporada televisiva por cada libro y dividieron el descomunal tomo en dos temporadas. De la misma manera, en algunos países se dividió la edición de bolsillo en dos volúmenes; el primero fue *Nieve y Acero* y el segundo se tituló *Sangre y Oro.* En Francia llegaron al extremo de dividirlo en cuatro volúmenes. *Tormenta de Espadas* fue candidato al muy prestigioso premio Hugo, pero perdió ante *Harry Potter y el cáliz de fuego,* de J. K. Rowling. La historia continúa la saga de los cinco reyes y el regreso de Daenerys a Pentos con sus planes para invadir los Siete Reinos. Además, contiene una de las escenas más comentadas de la serie: la Boda Roja (que ya se ha analizado a fondo en las páginas 21-25). *Tormenta de Espadas* se situó en el número 12 de la lista de los más vendidos de *The New York Times.*

La idea de Martin era que su siguiente libro fuera más corto y más parecido al anterior, *Choque de Reyes.* En principio *Danza de Dragones* se esperaba para cinco años después de *Tormenta de Espadas,* pero el autor se dio cuenta de que eso no les iba bien a ciertos personajes y escribió *Festín de Cuervos,* que así fue el cuarto libro de la saga. Martin había eliminando el vacío de cinco años y la acción continuó con el quinto libro: *Tormenta de Espadas.*

La historia de *Festín de Cuervos* era orgánica, lo que la hacía difícil de controlar. El libro no tardó en ser más largo que *Tormenta de Espadas* y no estaba acabado. Martin era remiso a eliminar parte de la historia y a recortar los personajes. Los editores querían dividir el libro en dos partes, pero Martin no acababa de verlo claro, ya que tenía la sensación de que la primera parte carecía de la resolución para con sus personajes con la que estaban familiarizados sus fans.

Entonces un amigo le sugirió que, en vez de partir la historia en dos volúmenes, la dividiera geográficamente en dos partes: la primera sería *Festín de Cuervos* y la segunda, *Danza de Dragones*. Eso significaba que podía aplazar las trayectorias inacabadas de algunos personajes y trasladarlas al siguiente libro. Sobre esa división, Martin ha dicho: «Lamento haber tenido que partir el libro, pero como tenía que hacerlo, era mejor, por diversas razones, atender al criterio geográfico que al cronológico.» Se publicó en 2005 y fue directamente a los primeros puestos de las listas de ventas. Martin pasó a ser conocido como «el Tolkien americano».

Como era de esperar, la partición de la historia hizo que el destino de algunos de los personajes quedara sin resolver, pero el autor había declarado que el quinto libro saldría al mercado al año siguiente Sin embargo, se fue retrasando y, de hecho, transcurrieron seis años hasta que se publicó *Danza de Dragones*. Mientras tanto, HBO compró los derechos y empezó el trabajo de escritura de un guion, se dio el visto bueno a la grabación de un piloto y, por fin, se emitió la serie.

Los últimos dos libros prometen ser igual de largos, si no más. La penúltima entrega llevará por título *Vientos de Invierno* y el séptimo se titulará *Sueño de Primavera*. Parece que ese será el último libro, pero Martin ha dicho que él es firme sobre el final de la saga solo hasta que decida no serlo. Aunque escribe con la trama argumental muy clara en su cabeza, Martin es un autor que permite que la historia vaya desarrollándose conforme progresa. Hablando con la revista *Rolling Stone*, contaba: «Veo dos tipos de escritores: los arquitectos y los jardineros. El arquitecto, antes de clavar un clavo en una madera, tiene todos los planos y sabe cómo va a ser la casa y por dónde van a pasar las cañerías. Después están los jardineros, que cavan un hoyo en el suelo, plantan una semilla y la riegan, a veces con su sangre, y después sale algo. Saben qué es lo que han plantado, pero aun así hay muchas sorpresas. Hay escritores que son puramente una cosa o la otra, arquitecto o jardinero, y yo estoy mucho más cerca del jardinero. Sé cómo va a terminar la saga y conozco el destino de todos los personajes principales, pero hay un montón de personajes menores y de detalles que voy encontrando a lo largo del viaje. Para mí, como lector y también como escritor, lo que importa es el trayecto, no el destino final.»

Por otra parte, el propio Martin explicó que le gustaba utilizar la metáfora de un viaje: «Si salgo de Nueva York con destino a Los Ángeles, puedo mirar un mapa y saber que voy a pasar por Chicago y luego por Denver. Pero eso no significa que sepa lo que hay detrás de cada curva del trayecto, dónde va a haber un desvío o un autoestopista. Voy descubriendo cosas así en el trayecto, y en eso, para mí, es donde está el placer de escribir.»

Además, les ha contado a Benioff y Weiss los puntos principales del argumento, por si acaso le sucede algo, pero no permitirá que otro escritor concluya su novela: «Mis fans me señalan constantemente que soy mortal. Me escriben cartas preguntando qué planes he hecho para cuando muera y quién va a terminar la serie. No entra en mis planes morirme pronto. Tengo algunos problemas de salud propios de la edad, pero, en general, estoy bastante sano. Espero vivir aún unos veinte años, más o menos, tiempo de sobra para escribir; y quién sabe cómo habrá avanzado la medicina para entonces. Puede que sea inmortal; eso me gustaría.»

Cuando en el año 2005, tras terminar *Festín de Cuervos*, corrió la voz de que ya había acabado de trabajar en *Danza de Dragones*, Martin no hizo nada por rebajar las expectativas de los fans. Declaró para *Entertainment Weekly*: «Es un error muy extendido. Acabé algunas partes de *Danza de Dragones* en 2005, cuando terminé de escribir *Festín de Cuervos*, pero no era como si tuviese dos libros enteros. Tenía un libro entero y otro que estaba parcialmente escrito. Hice una estimación de lo que tardaría en convertir aquellos fragmentos en un libro completo y, lamentablemente, el cálculo fue demasiado optimista. ¿Qué puedo decir? He necesitado mucho más tiempo.»

Hay rumores de que la serie de televisión acabará adelantando al libro, pero eso no le preocupa a Martin. En 2012 le contó a la revista *Rolling Stone*: «Voy bastante por delante, pero contacten conmigo dentro de un año, porque podría ser que entonces mi respuesta sea otra. Tengo entre manos otros proyectos que me ocupan mucho tiempo y necesito hacer limpieza para poder concentrarme en los libros. He de aprender a decir no cuando la gente viene a pedirme un relato o un prólogo. La semana pasada me la pasé entera escribiendo la introducción de tres libros distintos. La verdad es que soy un escritor lento, haga lo que haga, tanto si se trata de una gigantesca epopeya fantástica como si debo escribir un prólogo. "Esto solo son mil palabras, puedes liquidarlo en una tarde." No, no puedo, me tiraré tres días dándole vueltas.»

En otra entrevista añadió: «Ha sido un largo viaje. Creo que estoy empezando a verlo, pero sigue siendo un túnel muy largo. El original del último libro tenía mil quinientas páginas y me parece que cada uno de los dos siguientes será por lo menos igual de largo; eso son tres mil páginas más que todavía he de escribir, que es una cantidad notable de escritura. Voy escribiendo un capítulo tras otro, una escena cada vez, una frase después de otra, y no me preocupo por el resto. Paso a paso, tarde o temprano, el viaje me llevará allí.» En otra ocasión, bromeó: «Dos libros grandes: mil quinientas páginas de manuscrito cada uno, eso son tres mil páginas. Creo que eso me da un margen. Y si me veo muy apurado, como ya hice aparecer aquel cometa rojo, puedo hacer que choque con Poniente y acabar con todo.»

Mientras sus fans están impacientes por leer su nueva obra, Martin tiene su propia manzana de la discordia literaria porque considera que los autores de género todavía no son reconocidos como merecen: «Yo no utilizaría el término "intelectuales literarios", que es una especie de elitismo al revés, pero creo que la fantasía y la ciencia ficción son una parte legítima de la literatura. Me parece que hablo en nombre de la mayoría de los escritores de fantasía y ciencia ficción si digo que para cualquiera que trabaje en este género es un continuo fastidio que cada vez que se produce una gran obra anden los críticos diciendo "pero eso no es ciencia ficción, es demasiado bueno". El último ejemplo es Cormac McCarthy y *La carretera*. No hay duda de que es un libro de ciencia ficción y, sin embargo, está ganando un montón de premios y la gente dice que es ciencia ficción. Bueno, es literatura y es ciencia ficción. Es un caramelo para la tos, pero sigue siendo un caramelo.»

Martin ya ha detallado cuáles son sus planes para el futuro en cuanto concluya su épica saga. «Cuando haya terminado *Hielo y Fuego* podría escribir una novela de ciencia ficción. Nunca he dejado el terror y no voy a dejar la fantasía. Me encanta escribir historias policíacas de suspense, así que puede ser lo próximo que haga. Lo que no quiero es que me digan que me siente y siga produciendo lo mismo por los siglos de los siglos. Eso sería aburrido.»

CASTING

En mayo de 2009, Peter Dinklage firmó el contrato para interpretar a Tyrion Lannister. El autor George R. R. Martin y el cocreador de la serie, David Benioff, eligieron muy pronto a ese actor y también a Sean Bean: «Peter y Sean fueron las excepciones en un largo y complicado proceso de selección del reparto, porque desde el principio supimos que los queríamos, así que no les pedimos a ninguno de los dos que hicieran una prueba.»

De hecho, persiguieron a los dos actores. «Había conocido a Peter en algún acto. Tenemos amistades comunes y me hice con su dirección de correo electrónico; le mandé un mensaje que decía: "No sé si has oído hablar de estos libros, pero hay un personaje llamado Tyrion Lannister en el que creo que estarías fantástico. Quizá podríamos hablar de ello en algún momento." A partir de entonces empezamos a intercambiar correos electrónicos. Más delante Peter vino a Los Ángeles, nos reunimos con él y tuvimos una gran conversación, en la que básicamente nos dijo: "Estoy muy interesado en ese papel, pero no me pongáis barba. En las películas de fantasía los enanos siempre tienen una gran barba; es el cliché de la fantasía." Le prometimos que no tendría que llevar barba y la cosa fue bien.»

Con Sean Bean fue todavía más fácil: «Yo ya había trabajado con Sean y lo admiraba enormemente, como profesional y como persona. Comimos juntos en Londres, le hablamos del papel y lo convencimos. Con Peter y con Sean nos pasó que, cuando llevábamos leída la mitad del primer libro ya sabíamos que eran los actores que queríamos.»

En julio, se seleccionaron más nombres. Kit Harington se hizo con el papel de Jon Nieve, Jack Gleeson obtuvo el de Joffrey Baratheon y Mark Addy fue escogido para interpretar al rey Robert Baratheon. En agosto se confirmó a Jennifer Ehle como Catelyn Stark, así como a Nikolaj Coster-Waldau, Tamzin Merchant, Richard Madden, Iain Glen, Sophie Turner, Maisie Williams y Alfie Allen, todos hacia el mundo mágico de Poniente. Lena Headey se unió al reparto en septiembre y Jason Momoa fue contratado para el papel de Khal Drogo en octubre. Tras rodar el piloto, Michelle Fairley sustituyó a Ehle como Catelyn y Emilia Clarke reemplazó a Tamzin Merchant en el papel de Daenerys Targaryen.

Martin desempeñó un papel esencial en el proceso de selección. Aunque no presenció las pruebas de pantalla, se grabaron y él las miraba cada mañana con la esperanza de encontrar los actores adecuados. No obstante, pese a tener voz en el asunto, sabía que la decisión final la tomarían Weiss y Benioff.

Una vez anunciado el reparto, Martin se enfrentó a un dilema que afecta a los escritores cuya obra se ha adaptado a la pantalla. ¿Cambiaría su estilo al saber cuál era el aspecto que tenían sus personajes en carne y hueso? «Eso me afecta cuando estoy viendo adaptaciones de libros escritos por otros —le contó a *Empire*—. Por ejemplo, hace poco leí *Los juegos del hambre* y luego vi la película, y me parece que si ahora vuelvo a leer el libro veré a los actores; pero con mi propia obra no me pasa. Llevo viviendo con algunos de los personajes desde 1991; Tengo su imagen firmemente fijada en la cabeza y sería muy difícil sustituirla por la de nuestros actores, a pesar de lo buenos que son. Además, he visto muchas otras versiones de los personajes en los cómics, el juego de cartas y las cubiertas de los libros. Todas son diferentes, así que hay todo un repertorio de caracterizaciones entre las que escoger.»

Sobre las decisiones tomadas para elaborar el reparto de la segunda temporada, Benioff dijo: «Primero decides si de verdad necesitas alguien bien conocido para interpretar un papel y luego analizas el presupuesto. Parece que yo sea el contable pero lo cierto es que no hemos tenido que trabajar de esa manera este año. No fue como si dijéramos: "Para interpretar a Stannis necesitamos a Daniel Day-Lewis." Las interpretaciones [de los nuevos actores] eran tan convincentes y poderosas que decidimos que eran, con mucho, los actores más interesantes para aquellos personajes. Ocurrió, por ejemplo, con Gemma Whelan, que se presentó para el papel [de hermana de Theon]; me parece recordar que no tenía el aspecto descrito en el libro, pero ha hecho suyo el personaje de tal manera que me resulta imposible imaginar a nadie más interpretándolo.»

Para la tercera temporada, Dame Diana Rigg interpretará a Olenna Tyrell, la reina de Espino, personaje del que dijo: «Estoy encantada, es un papel absolutamente maravilloso.» Por su parte Mackenzie Crook, la estrella de *Office*, que interpretará al salvaje Orell, explicó: «Es un monstruo de serie, pero ser parte de este reparto tan enorme es un auténtico privilegio.»

Hay unos cuantos actores nuevos en el reparto y que destacan en él. Son Tara Fitzgerald, de *Waking the Dead*, como Selyse Florent, la esposa de Stannis; Clive Russell, como Brynden *el Pez Negro* Tully, quien prometió a los fans que la serie iba a seguir siendo tan «sexy, espectacular y violenta como lo ha sido hasta ahora»; y Nathalie Emmanuel, que representa a la traductora esclava Missandei. Tobias Menzies interpreta a Edmure Tully, el hermano pequeño de Catelyn Stark; el papel de Qyburn lo hará Anton Lesser; Paul Kaye aparece como Thoros de Myr, un miembro de la cofradía de bandidos la Hermandad sin Estandartes; Thomas Brodie-Sangster, estrella de *Love Actually*, interpreta a Jojen Reed, un misterioso joven que ayuda a Bran Stark; y Richard Dormer hace a Beric Dondarrion, el cabecilla de la Hermandad sin Estandartes. La hija mayor de Howland Reed, Meera, fervientemente leal a los Stark, la interpreta Ellie Kendrick; Kristofer Hivju representa a Tormund Matagigantes; Philip McGinley tiene el papel de Anguy, un miembro clave de la Hermandad sin Estandartes. Por último, Iwan Rheon, la estrella de *Misfits*, se ha hecho con un importante papel en la serie, el de Ramsay Nieve, el bastardo de Roose Bolton.

Hubo rumores de que se incorporaría a la serie el personaje de Mance Rayder, uno de los favoritos de los fans, y en mayo de 2012 *Entertainment Weekly* confirmó que por fin aparecería en pantalla en la tercera temporada. Sonaban varios nombres para interpretar el papel del Rey-Más-Allá-del-Muro, como Henry Ian Cusick de *Perdidos*, Karl Urban, de *Star Trek*, y Mads Mikkelsen, de *Casino Royale*. Pero el favorito era James Purefoy, que había mostrado su interés por aparecer en la serie: «¿Que si era el papel apropiado en *Juego de Tronos*? Desde luego. Es una serie magnífica y una gran saga literaria. Me encanta HBO. He dicho que es la mejor productora de televisión del mundo porque pienso que lo es. Entienden cómo hacer una televisión que sea verdaderamente viva, interesante y visceral, que es como debería ser la televisión.»

En agosto de 2012, Dominic West, la estrella de *The Wire*, reveló que había rechazado un importante papel en *Juego de Tronos* porque le habría supuesto estar en Reikiavik durante seis meses y mucha gente pensó que se refería al papel de Mance. Más tarde West le contó al *Huffington Post*: «Me ofrecieron algo en *Juego de Tronos* y desgraciadamente no la había visto, pero mi sobrino y su padre dijeron: "¡Ostras, *Juego de Tronos* es la única gran serie que ponen en televisión ahora!" Y me dio mucha rabia porque acababa de decirles que no; era un papel precioso, un buen papel. Me arrepentiré. El problema es que tengo cuatro críos y, de momento, me resisto a permanecer lejos de casa durante mucho tiempo. Puedo conseguir un montón de trabajo en Londres y así seguir estando en casa.»

Por fin, el 17 de agosto se anunció el elegido para interpretar el papel de Mance Rayder y resultó ser Ciarán Hinds, conocido por su participación en *Roma*, quien se había hecho con él.

DAVOS SEAWORTH

Liam Cunningham le habló de su personaje a la revista *SFX* : «Davos Seaworth también es conocido como el Caballero de la Cebolla y probablemente su título sea el menos sexy de todos. Se encuentra en una posición bastante extraña porque era un criminal. Diecisiete años antes de que lo conozcamos, se libraba una batalla y Stannis y sus socios, su familia y el resto de la gente, estaban sitiados, pasando hambre, literalmente a las puertas de la muerte. Entonces llegó Davos y los salvó a todos con un gran barco lleno de cebollas y carne. Stannis lo tomó a su servicio y lo hizo caballero, de ahí lo de Caballero de la Cebolla; pero también había infringido la ley haciendo contrabando, así que Stannis cogió la cuchilla de carnicero y le cortó cuatro dedos. En cierto modo, y por extraño que parezca, Davos lo respeta por aquel episodio. Tiene sentido del honor, del deber y de la lealtad, y le pareció que aquello era justo; por eso se convirtió en la mano derecha de Stannis.»

Su gesto heroico tuvo lugar durante la Rebelión de Robert. El sitio de Bastión de Tormentas se prolongó más de un año y el acto de Davos permitió a los hombres de Stannis sobrevivir hasta que llegó Eddard Stark. Davos aceptó el castigo de Stannis siempre que fuera él mismo quien empuñara la cuchilla de carnicero. Guardó los huesos en una bolsita que lleva colgada al cuello como amuleto, ya que cree que fue lo que le había proporcionado un futuro a su familia.

Durante los intentos de Stannis de tomar Desembarco del Rey, Davos participa en la batalla de Aguasnegras. El ejército de Stannis cae destruido por el fuego valyrio y a él lo echan por la borda, por lo que se teme que haya muerto. Sin embargo, la corriente lo arrastra hasta los Arpones del Rey Pescadilla. Cuando lo rescatan, intenta matar a Melisandre, a la que culpa de su derrota. Temiendo que ella vaya a matar, como un sacrificio, a otro de los bastardos del rey Robert, Edric Tormenta, lo saca en secreto de Rocadragón.

Se temía que lo hubieran capturado por orden de Cersei Lannister y se rumoreaba que se habían exhibido algunas partes de su cuerpo para que todo el mundo lo supiera. Sin embargo, habían ejecutado a un prisionero que se le parecía.

Davos Seaworth, un personaje muy aclamado por los fans, lo interpreta el actor irlandés Liam Cunningham, que tiene la voz suave, pero con un tono lleno de autoridad y una presencia imponente. No es de extrañar, pues, que los jefes de *Juego de Tronos* estuvieran desesperados por tenerlo en la serie. Cunningham le contó a *SFX*:

«Cuando nos conocimos, por alguna circunstancia, la cosa no salió bien, pero me dijeron: "Mira, el año que viene tendremos personajes muy interesantes, así que, por favor, ven y habla con nosotros." Entonces salió el personaje de Davos Seaworth y me dije: "Vamos allá, faltaría más." No es de los que determinan la historia; podría sucederle cualquier cosa y nadie sabe por dónde seguiría el asunto; de momento pasa mucho tiempo hablando y discutiendo, e intentando ser diplomático. Por ahora es un personaje bastante cerebral.»

Cunningham ha dado alguna pista de lo que va a suceder: «Hacia el final de esta temporada las cosas se ponen más corporales, pero no quiero revelar demasiado. Hay un clímax extraordinario que llega hacia la segunda mitad de la serie (dos) y la trama principal va construyendo esa paranoia. Tenemos preparadas grandes cosas para el final: Tyrion empieza a usar mucho más el coco, no solo para protegerse a sí mismo sino para proteger al reino y al trono. Como pone en el póster, se acerca la guerra.»

DROGO

Los dothraki son una temible nación de violentos jinetes saqueadores. Cuando los aldeanos ven que se acercan sus caballos, saben que su fin está próximo, que matarán a los hombres muertos y violarán a las mujeres. Y entre los dothraki hay uno que es más temido que los otros.

Drogo es un poderoso señor de la guerra. Nunca ha sido vencido y por eso Viserys Targaryen conspira para que su hermana pequeña, Daenerys, se case con él. El plan es que Drogo lleve sus tropas a luchar contra los invasores de Desembarco del Rey, de manera que pasado un tiempo Viserys pueda reclamar el trono que cree que le pertenece.

Sin embargo, pese a su poderosa fachada, el corazón de Drogo no tarda en llenarse de cariño hacia su nueva esposa y se convierte en un esposo amable y compasivo. El amor que siente por ella se intensifica cuando se entera de que han intentado asesinarla. Furioso, decide ponerse al frente de la lucha contra quienes pretendían alejar de él a su esposa embarazada.

Drogo termina matando a Viserys por su falta de respeto para con su hermana. Más adelante lo hiere un guerrero dothraki que desafía su liderazgo. La herida se le infecta y Daenerys comete la imprudencia de recurrir a la magia negra; para ello entrega la vida del hijo que espera a cambio de la de su esposo herido de muerte y se horroriza al descubrir que ha sido engañada: ha perdido a su hijo y su esposo parece estar sumido en una agonía irreversible. Daenerys lo asfixia en un acto de compasión y utiliza la pira funeraria para eclosionar sus huevos de dragón. A su dragón favorito le pone por nombre *Drogon* en señal de respeto por su esposo.

Para el papel de Drogo, HBO se decidió por Jason Momoa, un pedazo de hombre que había aparecido en *Los vigilantes de la playa* y en *Stargate: Atlantis*, donde interpretó durante cinco años el papel de Ronon Dex. También tuvo el papel protagonista en la nueva versión cinematográfica de *Conan el Bárbaro*.

Nacido en Hawái en 1979, pero criado en Iowa, Momoa acabó volviendo a su isla natal poco antes de cumplir los veinte años. Allí consiguió trabajo como modelo y acabó ganando el concurso Hawái Modelo del Año en 1999, lo que lo llevaría a aparecer durante dos años en *Los vigilantes de la playa Hawái*. Está casado con Lisa Bonet, la estrella del *Cosby Show*, que en 2007 dio a luz a su hija Lola Iolani Momoa. Un año después se unió a la familia su hijo Nakoa-Wolf Manakauapo Namakaeha.

Conseguir el papel fue complicado para Momoa, ya que transcurrieron siete meses entre la primera prueba que hizo y la segunda. Cuando volvió para leer los diálogos del personaje, sabía exactamente cómo reflejar el feroz poder de Drogo. Llevó a cabo la impresionante danza de guerra, la haka, que los All Blacks de Nueva Zelanda realizan antes de los partidos de rugby; el agente artístico se llevó un susto de muerte.

Explicó a *Den of Gerk* que era un canto de guerra: «Pensé que de las escenas que estaba haciendo no se desprendía ninguna sensación de cómo es ese guerrero, de cómo sería si estuviera dando órdenes a sus oficiales o de cómo sería en la batalla. Yo quería representar eso y usar para ello una pequeña parte de mi ascendencia y de mi herencia. Soy medio hawaiano.»

Momoa les contó a las agentes de HBO lo que les esperaba: «Entré en HBO y dije: "No os asustéis, pero vais a sentir que tenéis enfrente a un hombretón trazando una haka. Percibiréis cierta energía que irradiará hacia vosotras." Aquellas dos mujercitas blancas debieron de temer lo que se les venía encima. La gente aparecía por la puerta y se preguntaba qué estaba pasando. El trato quedó cerrado. Y me proporcionó a Conan. Es una manera excelente de empezar una audición. El corazón me iba a cien por hora y estoy seguro de que los suyos también latían muy deprisa.»

Visiblemente emocionado por el papel, añadió: «Leí el libro. Disponía de dos días y me quedé enganchado. Justo después de la prueba, lo leí todo y es tan tremendo..., la manera en que te implicas con esos personajes. En los primeros episodios piensas que mi personaje no es más que un pedazo de bestia, pero poco a poco lo ves enamorarse y te das cuenta de lo frágil que es comparado con este estoico; lo comparas con los otros personajes, que figura que son los buenos, y te parece que son todo lo contrario. Hay una enorme riqueza en esos personajes.»

Cuando asistió a una proyección del primer episodio con su mujer, le advirtió que no le iba a gustar lo que vería. Todo el episodio pinta a Drogo como un hombre-bestia que no para de gruñir y como un guerrero que se regodea presenciando el sufrimiento de otros, y no parece pensar en nada cuando posee brutalmente a su esposa el día de la boda. Declaró en *Starpulse*: «No quería que mi mujer viera *Juego de Tronos* y acabara obsesionándose. Llegó a soñar con ello, así de obsesionada estaba. No fuimos al estreno. El motivo que di fue algo así como que en los dos primeros episodios lo único que hago es acostarme con Emilia Clarke y ni siquiera hablo; así que no hacía falta que fuéramos.»

Momoa tenía más motivos de preocupación que su esposa, ya que el público sintió bastante repulsión por su personaje en el primer episodio. Dijeron que era demasiado brutal y directo, y mucha gente se burló de su aspecto: «un tío con lápiz de ojos».

Sin embargo, a medida que avanzaba la serie, fueron cada vez más los que se sintieron fascinados por Momoa, al ver que Drogo evolucionaba del guerrero-de-una-sola-pieza a hombre enamorado. Su muerte se convirtió en una de las más conmovedoras de la serie, y los fans lo lloraron largamente en Twitter. Por suerte para ellos, Drogo volvió para hacer un cameo al final de la segunda temporada. Quien más se alegró de ello fue su esposa en la pantalla, Emilia Clarke, que lo llama su hermano mayor.

EMILIA CLARKE

Nacida en 1987, Emilia Clarke es una joven actriz que se ha hecho famosa gracias a su interpretación de Daenerys Targaryen. Junto a Tyrion Lannister, Daenerys es el personaje favorito de los lectores de los libros de George R. R. Martin; y se entiende. La transformación de su personaje a medida que progresa la serie es asombrosa, por lo que requería una actriz capaz de lucirse tanto cuando debe parecer una tímida joven como cuando se convierte en una líder feroz y leal a su pueblo.

Cuando aparece por primera vez en la serie, Daenerys es dócil y completamente dependiente de su hermano, Viserys, que la trata como si fuera un juguete o un objeto maleable que puede manipular a voluntad, así como someterla a sus cambios de humor y a su vena cruel y violenta. Si bien Daenerys acaba entregada a la misma obsesión que su hermano —la creencia de que el Trono de Hierro, suyo por derecho de nacimiento, les ha sido arrebatado injustamente—, es su hermano Viserys quien da alas a esa idea.

Daenerys, única hija de Aerys II, el Rey Loco, fue concebida poco antes de que la Rebelión de Robert pusiera fin al reinado de su padre en el Trono de Hierro. Su padre murió antes de que ella naciera y su madre, justo después de darla a luz. Nació en Rocadragón, la sede ancestral de su familia, de donde la sacaron junto a su hermano antes de que los pudieran capturar los soldados de Robert para llevarlos a la Ciudad Libre de Braavos. Acabaron viéndose obligados a huir de su hogar y vagabundearon por las nueve Ciudades Libres intentando encontrar apoyo para el objetivo de Viserys de volver a hacerse con el trono.

A muchos les parece ridícula la desesperación de Viserys, por lo que pronto se le conoce como el Rey Mendigo, hasta que encuentra lo que quiere en Pentos, a través de un poderoso magíster llamado Illyrio Mopatis, que los ayuda a reclamar su honor regio. Viserys concibe un plan con Illyrio para casar a Daenerys con Khal Drogo, el brutal líder del clan Dothraki, con la esperanza de que este se ponga al frente de su ejército para llevarlo contra el rey.

En los libros, Daenerys es mucho más joven que en la serie, lo cual le produjo bastante perplejidad a Emilia Clarke, que declaró a *heyyouguys.co.uk*: «Si bien no está ambientada en ningún período concreto, porque es una historia fantástica, en cierta manera no deja de estar basada en lo que se puede imaginar como un ambiente medieval. En aquella época la gente lo hacía todo siendo más joven y moría a edad más temprana, así que no es tan raro; pero, al mismo tiempo, que Daenerys llegue a darse cuenta de todas esas cosas siendo tan joven pone de manifiesto que es un personaje muy complejo y sorprendente.»

Durante la boda, Daenerys recibe tres huevos de dragón de manos de Illyrio; piedras simbólicas meramente decorativas, ya que se creía que los dragones se habían extinguido. Por su parte, el caballero de Poniente, Jorah Mormont, le ofrece tanto libros como su servicio. Como tiene algo de nómada, Daenerys se siente en deuda con su nueva familia y planta cara a su despótico hermano, que acabará muriendo a manos de su esposo, Drogo.

Al morir su querido Drogo, Daenerys construye una pira funeraria, deposita en ella sus huevos de dragón, cerca del cuerpo, y se adentra en las llamas. Jorah está convencido de que se trata de un suicidio, pero ella sabe que el resultado será muy distinto, pues cree con toda convicción que tiene una relación especial con los dragones. Su instinto no andaba errado: a la mañana siguiente, Daenerys está viva y los tres dragones, que han salido del cascarón, se agarran a su cuerpo chamuscado.

Conforme crecen los dragones, lo hacen también las aventuras por los Siete Reinos, lo que conduce a toda una serie de peligros desencadenados por la posesión de tan preciadas criaturas. Después de haber buscado refugio en Qarth y salir vivos de allí por muy poco, Daenerys trata de encontrar más apoyos para su intento de recuperar lo que cree que es suyo por derecho de nacimiento.

Clarke ha dicho de su personaje: «Pienso en ella como alguien que va ganando fortaleza. En la segunda temporada Daenerys se esfuerza al máximo por averiguar hasta dónde es capaz de llegar, así que en ese sentido resulta muy interesante. Empieza a tener que sobreponerse al hecho de ser mujer y, además, de ser una chica joven en un mundo de hombres, dentro de una sociedad de clara orientación masculina con la que tiene que enfrentarse. Ni siquiera el hecho de tener dragones parece darle algo de ventaja.»

SPOILER

Sin Drogo, y con las palabras de Jorah como único consuelo, Daenerys empieza a cansarse de los avances de Jorah y de que él la considere únicamente una niña, así que le deja claro a Jorah que pretende ser una líder bondadosa pero fuerte y que usará los dragones contra aquellas ciudades que utilicen esclavos; nadie va a poder dudar que es ella quien manda.

Como era de esperar, a algunos les gustaría que la mataran. Daenerys se salva del intento de asesinato gracias a un hombre llamado Arstan Barbablanca, que acaba resultando ser el célebre caballero Barristan Selmy. Expulsado por Cersei Lannister de servicio en la Guardia del Rey, busca a Daenerys como la verdadera reina de los Siete Reinos. También le dice que antes Jorah había actuado como espía para Varys en la Fortaleza Roja, desde donde lo informaba de los movimientos de Daenerys.

Ella los manda a los dos, Selmy y Jorah, en una misión aparentemente suicida durante el Asedio de Meeren. Los dos sobreviven y Selmy se disculpa por su juego a dos bandas. Jorah no se muestra tan compungido, sin embargo, y aunque Daenerys quiere perdonarlo, no le queda más remedio que desterrar a su antigua mano derecha.

La noticia de que hay una joven reina con dragones empieza a circular rápidamente por todo Poniente. En cierto momento, se cree que uno de los dragones ha matado a una niña de seis años y Daenerys ordena que los encierren en el sótano para evitar que se produzcan otras muertes similares. Pero uno de ellos, *Drogon*, llamado así por su querido esposo, escapa.

Daenerys vuelve a casarse en una maniobra dirigida a sofocar las guerras que hacen estragos en torno a ella mientras intenta hacerse con los barcos para llevar su ejército hasta Desembarco del Rey. Poner fin al tráfico de esclavos ha acabado con la economía de varias Ciudades Libres, y dada la situación, Daenerys necesita mucha diplomacia para sobrevivir. *Drogon* aparece en un torneo de gladiadores que se celebra en su honor y lo hiere un adiestrador de animales. Daenerys corre a defenderlo y se aleja montando en él.

No fue fácil para Clarke hacerse con el papel de Daenerys, ya que en el piloto no emitido lo había interpretado otra actriz. Emilia le contó a *heyyouguys.co.uk*: «La verdad es que no me enteré hasta que llegamos a las últimas fases de que ya habían elegido a una actriz; ella aparecía en un piloto que solo se vio internamente y cuando decidieron dar luz verde a la serie, también decidieron hacer algunos cambios en el reparto, entre ellos la intérprete de Dany [Daenerys].»

Clarke nació en Londres. Después de ver las representaciones del musical *Magnolia* en el teatro donde trabajaba su padre como ingeniero de sonido no tardó en interesarse por la interpretación. Estudió en el Drama Centre London. En 2009 consiguió un pequeño papel en un episodio del culebrón *Doctors* y al año siguiente, otro en la película de Syfy *Triasic Attack*. «Les dije a mis padres que quería ser actriz y ya se estaban preparando para verme toda la vida en el paro, así que ahora les encanta que esté trabajando.»

En las declaraciones a *heyyouguys.co.uk.* decía: «Mi vida ya no se parece en nada a lo que era antes. ¡Es increíble! Ni en un millón de años se me habría ocurrido pensar que ahora estaría haciendo algo semejante, cuando muy poco antes aún estaba estudiando arte dramático. Incluso estando ya en *Juego de Tronos*, no me imaginé que sería el éxito que fue, y que espero que siga siendo. Corrieron un riesgo tremendo conmigo. Hice un par de audiciones y luego una prueba de pantalla en Los Ángeles, y me dieron el papel. Fue así de sencillo, no hay ninguna gran historia que contar.

»Respecto a mi personaje, me parece que, en primer lugar y por encima de todo, es una superviviente nata que sabe qué necesita hacer para sobrevivir. A diferencia de muchos otros personajes en la serie, no tiene ninguna necesidad ni deseo ni anhelo egoísta del Trono de Hierro; todo lo hace porque es su destino y no puede hacer otra cosa. El peso de la corona es terrible y si ella pudiera librarse de todo eso probablemente lo evitaría. En ese sentido, Daenerys es consciente de qué tiene delante y se ve obligada hacer una elección muy difícil. Tengo un pequeño problema con que utilice el sexo. Diría que se trata de que ella sabe lo que tiene que hacer y, como resultado de ello, encuentra el amor que encuentra con Khal [Drogo], lo cual le da seguridad».

EXTERIORES

Terrenos escarpados y puertos miserables en un antiguo mundo medieval; climas extremos, más soleados, y un gélido paisaje representando al país Más Allá del Muro son algunos de los exteriores necesarios para hacer que el mundo escrito por Martin cobre vida. Weiss y Benioff se enfrentaban a la compleja tarea de cómo conseguirlo.

Había dos opciones. La primera era rodar en un estudio con decorados de fondo pasando por otros lugares, lo cual sería una alternativa más barata, pero proporcionaría exactamente ese preciso aspecto: barato. El mundo creado por Martin era tan rico en detalles que había que hacer que se percibiera como real, lo cual significaba que tenían que decantarse por la segunda opción: el rodaje tendría que llevarse a cabo en distintas partes del mundo, lo que dio buenos dolores de cabeza a HBO, que intentaba mantener el control de una producción que iba a dispersarse por todo el globo terráqueo.

En el año 2009, se confirmó que la serie se rodaría en Irlanda del Norte. El primer ministro Peter Robinson anunció: «Es la primera vez que una producción televisiva de semejante escala y dimensiones ha sido rodada en Irlanda del Norte. El anuncio llega tras el viaje a Los Ángeles que hicimos el viceprimer ministro y yo en marzo. Será un estímulo muy bienvenido para el sector de la producción, que ayudará a desarrollar la industria local y atraerá empleos e inversiones a Irlanda del Norte. La productora HBO tiene fama mundial y sus programas se emiten en más de ciento cincuenta países. Haberse hecho con este proyecto, frente a un gran número de competidores, supone un gran éxito para Irlanda del Norte. HBO tiene una reputación envidiable por ofrecer programación original y de muy alta calidad; además, la cadena ha sido aclamada por la crítica por producciones como *Sexo en Nueva York, A dos metros bajo tierra, Hermanos de sangre* y, por supuesto, *Los Soprano.*»

La mayor parte de la grabación para la primera y la segunda temporadas tuvo lugar en los estudios Paint Hall de Belfast. También les sirvió el agreste paisaje irlandés para muchas de las escenas ambientadas en el norte y otros exteriores diseminados por todo Poniente.

Frank Doelger, uno de los productores ejecutivos de la serie explicó en UTV: «Hemos sido capaces de encontrar una enorme diversidad de exteriores. El tiempo atmosférico ha sido un reto, desde luego: nos llovió a cántaros en Malta, nos llovió a cántaros en Croacia y nos nevó una barbaridad en Islandia; así que todas las otras zonas a las que hemos ido también han sido un auténtico desafío.»

Sandy Brae, en las montañas Mourne, sirvió como Vaes Dothrak, una ciudad en la que entran los dothraki. El patio del castillo del condado de Down se utilizó para las escenas del patio de armas del hogar ancestral de Ned Stark; asimismo acoge el primer encuentro que presenciamos del rey Robert con Ned y su familia. La hacienda Saintfield fue el bosque de los dioses de Invernalia. El bosque de Tollymore sale en la primera parte del piloto, con los niños muertos, y cuando Ned encuentra a los huargos. Cairncastle, en el condado de Antrim, es donde Ned decapita al desertor. En la segunda temporada, necesitaban encontrar una localización para las Islas del Hierro —hogar de los marineros Greyjoy— y escogieron el puerto de Lordsport.

El responsable de localizaciones de la serie, Robert Boake, dijo: «Como nuestra historia se encaminaba hacia aventuras en alta mar e iban a aparecer las Islas del Hierro y Pyke, necesitábamos algo absolutamente nuevo y espectacular.»

La ciudad de Mdina, en Malta, pasó por Desembarco del Rey, la capital de los Siete Reinos. La enorme urbe medieval alza su impresionante mole sobre una colina pero queda tierra adentro, que no es como se la describe en los libros, por lo que se limitaron los planos al interior de la ciudad, con sus calles laterales. Por su parte, Fort Manoel, cercano a Mdina, pasó por el Gran Septo de Baelor. La Ventana Azul, en la isla de Gozo, fue utilizada para la boda de Daenerys Targaryen con Khal Drogo.

La filmación en Malta duró un mes y medio. Se vio enturbiada por un problema ecológico, ya que echaron arena de construcción sobre las rocas cerca del Dwejra de Gozo, lo que provocó que multaran a la productora con 86.500 euros, además de tener que correr con el coste de limpiar el estropicio ocasionado.

Desembarco del Rey y la Fortaleza Roja se trasladaron a Croacia en la segunda temporada para aprovechar, según Weiss, toda una «ciudad amurallada medieval inmaculadamente preservada que de hecho se parece asombrosamente a Desembarco del Rey. [...] En sí mismo aquello ya fue un hallazgo asombroso». Benioff añadió: «Desembarco del Rey podría ser la localización más importante de toda la serie y ha de tener la apariencia adecuada.» La isla de Lokrum junto a la costa de Dubrovnik pasó por la ciudad de Qarth, con un decorado construido en la cantera de Dubac para materializar las puertas de la ciudad que Daenerys visita en la segunda temporada.

La filmación en Croacia empezó en septiembre de 2011 y el Gobierno maltés, como es comprensible, quiso una explicación de la decisión del equipo de producción de trasladarse. HBO se apresuró a explicar que la mudanza no tenía nada que ver con el asunto de la arena en Dwejra: «Estamos rodando escenas distintas para la segunda temporada y Croacia nos ofrece el aspecto que necesitábamos para esos exteriores nuevos.»

La Comisión Cinematográfica de Malta dijo: «Estuvimos siguiendo la argumentación e intentamos contactar con la producción para averiguar por qué no volvían a Malta. Cuando una producción elige Malta, el 50 % del trabajo está hecho pero la otra mitad consiste en demostrar que la elección fue un acierto. Que no haya una segunda vez no equivale necesariamente a una mala experiencia, pero aun así habríamos preguntado por qué la producción no volvió.»

Como en la segunda temporada aparecen más claramente los peligros que se ocultan Más Allá del Muro, escogieron Islandia para imitar el hogar de los salvajes y los Caminantes Blancos. El glaciar Svinafellsjokull en Skaftafell acogió casi todo el peso de la grabación, y también fueron a Smyrlabjorg y Vik en Hofdabrekkuheidi.

El jefe de producción Chris Newman ha dicho: «En la primera temporada, tuvimos sitios que podíamos cubrir con nieve artificial, pero el norte del Muro en la segunda temporada, cuando Jon Nieve va a los Colmillos Helados, requería un paisaje más grande.» Benioff añadió: «Siempre supimos que queríamos algo abrumadoramente hermoso, árido y brutal para esa parte del viaje de Jon, porque está en el verdadero Norte. Todo es real. Todo está en lo que grabó la cámara. No estamos haciendo nada en posproducción para añadir montañas o nieve o lo que sea.»

Kit Harington también habló sobre el hecho de filmar en Islandia, un sitio que había visitado cuando era más joven: «Juré que volvería. Es uno de esos sitios a los que fui de adolescente y en realidad lo único que quería hacer era correr detrás de las chicas, pero nos impresionó mucho lo hermoso que era. Los paisajes nos dejaban boquiabiertos. Es como estar en la Luna, en otro planeta. No hay árboles; todo es muy árido. Es lo primero que percibes, que la sensación es de lo más lunar. Resulta extraño. Es un país de extremos. Tiene esos enormes glaciares sobresaliendo en terrenos muy llanos. Es asombroso verlo, sin más.»

Durante la tercera temporada surgieron inconvenientes para filmar en Croacia, ya que parecía que HBO no iba a poder conseguir la financiación croata que les permitiría grabar allí. Al final todo se solucionó y Croacia sigue siendo uno de los escenarios de la grabación.

FANTASÍA

Durante mucho tiempo se ha pensado que la fantasía estaba formada por historias ridículas sobre monstruos o se consideraba un género lleno de tramas tan enrevesadas y descomunales que los espectadores o los lectores necesitaban tener a mano una enciclopedia de ese mundo para entender qué estaba sucediendo.

Esos mundos fantásticos solían estar formados por personajes extraordinarios y estereotipos del género. Hasta que llegó *El Señor de los Anillos*, de Peter Jackson, y cambió todo eso. Basadas en la trilogía épica de J. R. R. Tolkien, las películas de Jackson fueron un triunfo en todos los sentidos. En primer lugar, que se hicieran ya fue un logro (pocos estudios accederán a rodar de manera simultánea tres películas de fantasía con un director casi novel en el sistema de las superproducciones de Hollywood); además, fue un éxito de taquilla y un triunfo en los Óscar. De la noche a la mañana aquellas películas cambiaron el género fantástico.

Ian Bogost, profesor de Medios Digitales en el Georgia Institute of Technology, declaró en la CNN que *El Señor de los Anillos* fue el primer paso para convertir la fantasía en un género de masas: «Probablemente la culpa es de Peter Jackson; en realidad todo esto se reduce a él. El inmenso éxito de las películas de *El Señor de los Anillos* no solo les enseñó a unos espectadores no acostumbrados a ello cómo había que ver una fantasía épica en la pantalla grande, sino que también demostró a Hollywood que la fantasía podía ser un género viable en el mercado de masas. Ahora las películas de *El Señor de los Anillos* ya tienen diez años y han proporcionado unas ganancias enormes. Eso es lo que hace falta, una inversión que demuestre que el sector privado está interesado en ese tipo de películas.»

Pero, hasta el éxito de *Juego de Tronos* y *El Señor de los Anillos*, la fantasía se movía entre sombras. Jackson, hablando de la película decía que a él no le gusta la magia y que el protagonismo lo tienen los personajes. Martin es de la misma opinión: «Si te fijas en *El Señor de los Anillos,* aunque toda la Tierra Media está impregnada por un denso ambiente mágico, la magia no es relevante. Gandalf no va por ahí lanzando rayos que le salen de la punta de los dedos. Si está presente en cada página, la magia pierde su magia.»

Otra gran influencia fantástica fue *La Rueda del Tiempo*, una serie de novelas épicas que infundió un aire nuevo al género de la fantasía literaria. Se había planeado como seis novelas, pero, como sabe muy bien Martin, las obras crecen, y la serie estará formada por catorce libros, precuelas y novelas de acompañamiento aparte. Robert Jordan, cuyo nombre real es Jim Rigney, empezó a escribir la primera entrega en 1984 y se publicó seis años más tarde.

La razón por la que los fans están tan obsesionados con la mortalidad de Martin (hay más información sobre este asunto en el apartado «*Canción de Hielo y Fuego*») es que Jordan falleció en 2007, cuando estaba trabajando en el último libro. Por suerte había previsto la deprimente eventualidad de fallecer antes de acabar y dejó muchas notas para que otro autor terminara su trabajo. Se le asignó la tarea al autor de fantasía Brandon Sanderson y el libro que resultó acabó convertido en una trilogía. Habiendo vendido cerca de cincuenta millones de ejemplares en todo el mundo, la descomunal serie de novelas se centra en el Oscuro, la encarnación del mal en estado puro, cuando escapa de su prisión. Un hombre se da cuenta de que es el Mesías y decide que debe hacer cuanto pueda, cueste lo que cueste, para destruir al Oscuro.

Martín no solo admiraba a Robert Jordan sino que eran amigos. De él dijo: «Me dio una frase para la cubierta cuando yo estaba empezando mi saga, una promoción que me proporcionó un montón de lectores. En realidad fue su propia obra la que posibilitó mi serie. Jordan rompió el molde de la trilogía que Tolkien había ayudado a consolidar. Nos mostró cómo hacer un libro más grande que una trilogía. No creo que mi saga hubiera sido posible si *La Rueda del Tiempo* no hubiera tenido tanto éxito como tuvo. Siempre he querido diversificarme y Jordan, en gran medida, lo hizo posible con sus sagas.»

A la muerte de Jordan, Martin escribió lo siguiente en su blog:

Hoy el mundo de la fantasía épica es más pobre. James Rigney, más conocido para los lectores de fantasía como Robert Jordan, ha fallecido. Aunque llevaba años plantándole cara a la amiloidosis, la noticia de su muerte fue un duro golpe para muchas personas, entre las que me cuento. Era tan optimista y decidido que te hacía pensar que podía vencer a la enfermedad. Jim era un hombre bueno y amable, un placer compartir un estrado o una pinta de cerveza con él, y su contribución a la fantasía moderna es grande. Su enorme, ambiciosa saga *La Rueda del Tiempo* ayudó a redefinir el género y abrió muchas puertas para los escritores que lo siguieron.

Por otra parte, era extremadamente generoso con otros escritores de fantasía, a los que siempre animaba y apoyaba. Es posible que mi saga de los Siete Reinos nunca hubiera encontrado su público sin el elogio de la cubierta que Jim tuvo la amabilidad de suministrarme, cuando *Juego de Tronos* se publicó por primera vez. Siempre le estaré agradecido por ello.

GARY LIGHTBODY

Gary Lightbody es la voz de la banda de rock alternativo británico Snow Patrol y un enorme fan de la serie, así que estuvo encantado cuando le pidieron un pequeño cameo para la tercera temporada.

Ataviado con indumentaria medieval, recurrió a la página de Facebook de la banda para compartir una foto en la que se le veía en el rodaje. Escribió: «Pues esta mañana he grabado mi escena para *Juego de Tronos*. Este es el aspecto que tenía. No puedo decir mucho, solo que no se trata de ningún papel fundamental. ¡Divertido!»

El cantante irlandés frecuenta a algunos de los integrantes del reparto cuando ruedan en Belfast e incluso charla vía Twitter con fans de la serie. Forma parte de Snow Patrol desde 1994 y dos de sus canciones han sido grandes éxitos: *Run*, que posteriormente fue versionada por Leona Lewis, quien la llevó al número uno en las listas del Reino Unido, y *Chasing Cars*.

GEORGE R. R. MARTIN

Parece una ironía que George Raymond Richard Martin empezara a escribir grandes epopeyas fantásticas porque su imaginación se veía coartada por el medio televisivo.

El veterano de la televisión empezó a sentirse frustrado por todas aquellas restricciones. Dice que «se quejaban de que mis guiones eran demasiado largos y demasiado caros. Siempre tenía que recortarlos. Había demasiados personajes y *matte painting*. No podíamos tener todos aquellos decorados pintados ni la gigantesca escena de batalla que había escrito porque solo podíamos permitirnos doce extras. Así que cuando volví a los libros, me dije: "Ya no volveré a preocuparme por nada de eso. Voy a escribir una historia que será tan gigantesca como yo quiera. Voy a tener centenares de personajes, batallas descomunales, paisajes y castillos magníficos; todas las cosas que no podía hacer en televisión, voy a hacerlas en esos libros, y espero que le guste a la gente." Y ahora estamos haciéndolo para la televisión. Pero afortunadamente son David y Dan [Benioff y Weiss] los que tienen que resolver todos los problemas, no yo».

Martin nació en Nueva Jersey el 20 de septiembre de 1948, en un complejo de viviendas de protección oficial cerca de los muelles de Bayonne. Desde que era muy pequeño estaba claro que tenía una gran imaginación, la cual le permitía vender historias de monstruos a los niños del barrio para ganarse algo de dinero. Cuando murieron unas tortugas que tenía, escribió una historia de un reino mítico en el que las tortugas se mataban entre sí para hacerse con el poder. En unas declaraciones a la revista *Rolling Stone* decía: «Yo tenía un mundo que medía cinco manzanas de largo. Mi casa estaba en la calle Primera y la escuela, en la calle Quinta, pero mi imaginación quería un mundo, así que leía sobre planetas lejanos, sobre la antigua Roma, sobre Shanghái y sobre Gotham City.»

Martin devoraba los cómics de superhéroes, sobre todo los de la Edad de Plata de la Marvel, a los que se les reconoce el mérito de haber añadido una sensación de realismo y una perspectiva más humana que la de sus invulnerables y un poco sosos predecesores. Ávido coleccionista, ahora tiene una enorme colección de títulos entre los que figuran los primeros números de *Spiderman* y *Los Cuatro Fantásticos*.

Tras haberse declarado objetor de conciencia para no tener que ir a la guerra de Vietnam, Martin estudió periodismo, al mismo tiempo que continuaba escribiendo para forjarse una carrera llena de éxitos. Fue nominado a dos prestigiosos premios Hugo, aunque no llegó a ganarlos. En 1976 ayudó a organizar la primera Fiesta Anual de Perdedores del Hugo.

Ha admitido el fracaso sorpresa de *The Armageddon Rag* en 1983: «Acabó con mi carrera de novelista, momentáneamente. [...] Crecer pobre como lo hice yo, un niño de las viviendas de protección oficial de Bayonne, Nueva Jersey, te hace ser consciente de la facilidad con que puede desaparecer el dinero. Tardé un año en escribir *The Armageddon Rag* y me pagaron cien mil dólares por ella. Entonces pensé que podía ganar cien mil dólares al año, lo cual fue un error enorme. Me compré una casa y un coche nuevo, pero el libro no se vendió nada. Tuvimos que pedir una segunda hipoteca y empecé a pensar en cómo me las arreglaría para pagar mis deudas.» Lo que hizo fue recurrir a la televisión, que lo contrató para revitalizar *La dimensión desconocida* y para que le diera un nuevo enfoque al clásico *La bella y la bestia*, protagonizado por Linda Hamilton, la actriz de *Terminator*. En 1987, su novela corta *Nightflyers* fue adaptada en un largometraje titulado *Nightflyers, La nave viviente*.

Hablando de su época en Hollywood al *Chicago Tribune*, dijo: «Había cosas que me encantaban y cosas que odiaba. Pero lo que estuvo muy bien de aquellos cinco años fue que yo formaba parte de una plantilla de escritores que generaban los guiones de las series que se estaban emitiendo. Yo escribía un guion y lo reescribíamos; a veces había enfrentamientos con la cadena o con el estudio o con los censores, pero, al final, las cosas se resolvían de una manera o de otra y entonces la serie pasaba ante la cámara. Luego, un par de semanas después estaba en antena y la veían millones de personas.»

Sin embargo, cuando empezó a desarrollar su propia serie Martin empezó a sentirse frustrado por el proceso: «Y aquel era el proceso al que digamos que acabé habituándome, pero durante los segundos cinco años que estuve allí había llegado a un punto que hacía pilotos, hacía largometrajes, hacía desarrollo... El acuerdo que tenía con la Columbia abarcaba todo; por algo lo llaman el infierno del desarrollo. Me encontraba escribiendo guiones y trabajando en algo durante un año o, a veces, dos y de pronto: "No, ese no vamos a hacerlo. No, la otra cadena está haciendo algo similar. ¡Ah!, tenemos otra serie que nos gusta más." Así que te habían pagado un montón de dinero, pero aquellos tipos de la sala eran las únicas personas que lo verían. Decidí que no podía seguir haciendo eso. Era demasiado frustrante. Me estaba sacando de quicio.

»Es posible que lo más frustrante fuera el piloto que más cerca estuvo de grabarse. Escribí un guion titulado *Doorways*, quizás el único de los que escribí que llegó a grabarse, y a todo el mundo le encantó. Era para la ABC. Iban a emitirlo y encargaron seis guiones de reserva, lo que por aquel entonces era un pedido enorme para ese tipo de guiones. Entonces hubo cambios de personal; algunos ejecutivos se fueron y a otros los ascendieron, y, de pronto, ya no estábamos en antena: me encontraba de nuevo en la casilla de salida. Escribí unos cuantos pilotos más y todo eso, pero que *Doorways* no consiguiera llegar a estar en antena me quitó las ganas de seguir.»

Más adelante Martin explicó que aquella decepción lo impulsó a volver a escribir libros: «En todo caso los libros siempre habían sido mi primer amor, así que aquel fue el momento en el que empecé a escribir lo que acabaría siendo *Juego de Tronos*.»

GUARDIA DE LA NOCHE

La Guardia de la Noche es una orden militar que proporciona una ocasión de obtener honor y gloria a aquellos que carecen de privilegios, que no han nacido dentro de la realeza o que están demasiado abajo en la línea sucesoria para poder aspirar a ocupar el trono. Con suerte, coraje y dedicación, esos hombres perdidos pueden alcanzar una posición de poder y ser tenidos en alta estima dentro del baluarte del Castillo Negro.

Por descontado, nada es fácil. Su trabajo consiste en custodiar el Muro, una imponente e inmensa fortificación que mantiene a raya a los salvajes y a toda una serie de criaturas que rondan por sus pesadillas. Hay quien se cree los cuentos infantiles que narraban historias de criaturas salidas de la oscuridad que hay Más Allá del Muro, aunque otros las consideran meras invenciones fantásticas. Esta segunda opinión es la predominante cuando empieza la serie, por lo que a la Guardia de la Noche ya no se la honra tanto como antaño. Eso hace que tenga menos miembros y que los que se incorporan ya no sean soldados leales, sino antiguos prisioneros y ladrones a los que les dieron a elegir entre ser mutilados o pasar la vida custodiando el Muro.

Quienes prestan el juramento deben llevar una vida de celibato, y nunca pueden abandonar a sus hermanos. El castigo por desertar es la muerte por decapitación, como se ve en una de las primeras escenas del primer episodio. Dentro de la Guardia existen tres grupos: los mayordomos, que atienden las necesidades de los otros miembros de la Guardia; los constructores, que mantienen la fortaleza y el Muro, y los exploradores, que patrullan el oscuro bosque.

El muro, con sus impresionantes doscientos metros de altura, separa los Siete Reinos del Norte. Jeor Mormont es el lord comandante de la Guardia de la Noche; hosco pero honorable, cree que el cambio se aproxima por el Norte y teme por las vidas de sus hombres, que lo tienen en gran estima. Siempre está acompañado por un cuervo.

Mormont fue a la guerra con Lord Stark durante la Rebelión de Robert, antes de unirse a la Guardia de la Noche seis años después, y ascendió rápidamente en las filas hasta convertirse en lord comandante. Como lord de la Isla del Oso, Jeor fue a la guerra bajo el estandarte de

Eddard Stark durante la Rebelión de Robert. Preocupado porque cada vez tenía menos gente en la Guardia de la Noche, aprovechó aquel episodio para dejar de tener patrullas regulares y organizó un sistema más aleatorio para que los salvajes nunca pudieran adivinar con qué se enfrentarían.

El personaje de Mormont lo interpreta el veterano actor escocés James Cosmo, quien en 2011 dijo de la serie: «Es bastante violenta, y bastante sexy, y hay mucha intriga política. Conjuran un mundo maravilloso. Tiene una cualidad mítica al estilo de *El Señor de los Anillos*, pero hay elementos de terror y zombis, y montones de espadas y caballos.»

Uno de los reclutadores que trabajan para el Muro es Yoren, un hombre que se unió a la orden después de matar con un hacha al asesino de su hermano. Yoren, interpretado por el antiguo actor de *East Enders* Francis Magee, se dedica a recorrer los Siete Reinos visitando las cárceles con el objetivo de reclutar nuevos miembros. Durante la primera temporada, Tyrion Lannister le coge aprecio y parten juntos hacia Desembarco del Rey. Su viaje termina cuando Catelyn Stark y hombres dedicados a la causa de los Stark lo capturan. Entonces Yoren huye a la Fortaleza Roja, donde le cuenta a Ned Stark lo que está haciendo su esposa.

Es Yoren quien rescata a Arya en la plaza tras la ejecución de su padre. Luego le corta el pelo y le dice que se comporte como un chico para evitar que la localicen los Lannister. Más adelante lo matan unos soldados reales, cuando se niega a entregar a un recluta.

La mayor amenaza cotidiana para la Guardia de la Noche son los salvajes, o el Pueblo Libre, como se los conoce. Las incursiones de grupos de ellos que saltan el

Muro son frecuentes. Hay quien cree que no son más que una molestia, pero lo cierto es que están convirtiéndose en una comunidad organizada y mortífera bajo el liderazgo de Mance Rayder, que había sido miembro de la Guardia de la Noche y que se había puesto a sí mismo el apelativo de Rey-Más-Allá-del-Muro. El carismático líder trama una invasión de los Siete Reinos para escapar de la amenaza de los Otros, unas criaturas que merodean por los eriales Más Allá del Muro.

Kit Harington, que interpreta a Jon Nieve, un miembro de la Guardia de la Noche, dijo lo siguiente acerca de la cofradía al *Huffington Post*: «En su cabeza, Jon es muy leal a la Guardia de la Noche. Ha renunciado a su familia, sus hermanos y hermanas allá en el Sur. Después de todo lo que ha sucedido en la primera temporada, su sitio está con la Guardia de la Noche. Tiene que serles leal por completo, ya que si no fuera ese su grado de compromiso se habría ido al Sur. Creo que en la cabeza de Jon, y ahí es donde he tenido que ir aclarándome respecto a cuáles son sus planes futuros, quiere vengar a su padre. Su intención es, con el tiempo, unirse a su hermano y quiere asegurar su posición dentro de la Guardia de la Noche para poder ser capaz de hacer todas esas cosas, para vengarse de Joffrey. Creo que todavía no sabe cómo va a hacer eso, pero está muy seguro de que lo hará tarde o temprano. Por el momento su prioridad es seguir a su comandante y llevar a cabo su misión al norte del Muro. Jon se esconde de todos, pero le consume la ambición de ir al Sur y unirse a la guerra de su hermano; pero aún no puede hacerlo.»

GUERRA DE LAS ROSAS

Martin estaba cansado de novelas de fantasía que no eran más que imitaciones de Tolkien escribiendo una especie de *La Edad Media en Disneylandia*. Gran aficionado a la historia, dijo: «Quería coger esas dos hebras: la magia y el prodigio, por un lado, y la imaginación de la fantasía, por otro, y combinarlas con un poco de la crudeza, el realismo y la complejidad de la ficción histórica.

»Conocí el Muro de Adriano en 1981; era la primera vez que ponía los pies en el Reino Unido y, de hecho, creo que la primera vez que salía de Estados Unidos. Estaba viajando con mi amiga Lisa Tuttle, que colaboró conmigo en la novela *Refugio del Viento*. Lisa se había ido a vivir al Reino Unido y se había casado con un británico, y me estaba enseñando los lugares más significativos. Íbamos en coche y llegamos al Muro de Adriano al ponerse el sol: el día estaba llegando a su fin, así que todos los autocares de turistas estaban listos para marcharse; la gente subía a los autocares y se iba porque estaba a punto de oscurecer. Teníamos el muro para nosotros solos, lo cual era estupendo. Estábamos en otoño y hacía un día frío, limpio. El viento soplaba y me subí al muro: fue impresionante, una experiencia profunda que se me quedó dentro. Unos diez años después empecé *Hielo y Fuego*, y aún tenía aquella visión y la sensación de que me gustaría escribir una historia sobre la gente que custodia el fin del mundo.»

Martin continuó describiendo el efecto que el Muro de Adriano tuvo sobre sus ideas y el impacto que tiene la influencia histórica en su escritura: «Pero, por supuesto, en la fantasía siempre juegas con todo. La fantasía es más grande y más colorida, así que un muro de tres metros de altura no me iba a servir. Mi muro mide doscientos metros y es de hielo; y las cosas que salen del norte son mucho más aterradoras que los escoceses o los pictos, que es de lo que tuvieron que preocuparse los romanos.»

El medievalismo influyó enormemente sobre Martin, sobre todo el período entre 1455 y 1487, el de la guerra de las Dos Rosas. En ese intervalo se sucedieron varias guerras entre la Casa de Lancaster y la Casa de York, cuyos emblemas eran, respectivamente, una rosa roja y una rosa blanca, que son las que dan nombre al acontecimiento histórico.

HBO

El año 2010 vio, como lo describió *Entertainment Weekly*, una milagrosa recuperación de HBO, siglas de Home Box Office. A la innovadora cadena, que había revitalizado las viejas series y comedias de situación, le habían llovido acusaciones de que ya no era la de antes. Sin embargo, aquel año dio señales de haber vuelto a sus orígenes. *True Blood* fue un gran éxito, al igual que la comedia *Eastbound & Down*. Suya fue también *Theme*, de los guionistas de *The Wire*, y *Boardwalk Empire*, la impresionante serie sobre la prohibición que produjo Martin Scorsese, toda una leyenda de Hollywood. Ese mismo año lanzó *Juego de Tronos* y, aunque solo emitió un piloto, empezó a crecer el interés en torno al proyecto.

Al presidente de programación de HBO, Michael Lombardo, le llamó la atención algo más de la historia que los rasgos mágicos o los paisajes exóticos, pese a las directrices de la cadena de «probar suerte con series en las que ni se nos habría ocurrido pensar hace cinco años». En agosto de 2010 hizo una confesión muy poco habitual cuando reveló que las historias de fantasía no eran muy de su agrado: «A lo que respondimos no fue al género, sino a la manera de contar. La gente de *Juego de Tronos* está sometida a una enorme presión. Estamos hablando de un público muy exquisito, así que tienes que dar justo en el blanco.»

La compararon con *True Blood* y Richard Plepler, ejecutivo de HBO, admitió: «Alan [Ball, creador de *True Blood*] ha creado un mundo extremadamente absorbente y adictivo. Cuando cuentas con una base de fans apasionados, hablan entre ellos y actúan de catalizador.»

Actualmente, HBO tiene casi treinta millones de suscriptores y emite en más de ciento cincuenta países. Los orígenes de la cadena se remontan a 1965, cuando Charles Dolan consiguió una franquicia para instalar en Nueva York un sistema de cable que se convirtió en el primer sistema de cable subterráneo en Estados Unidos. Dolan lo llamó Sterling Manhattan Cable y lo tendió bajo las calles porque los grandes edificios bloqueaban las señales de televisión. Time-Life, una productora, adquirió una participación del 20 % del negocio y accedió a respaldar la idea del Canal Verde de Dolan, que en noviembre de 1972 se convertiría en HBO.

Los canales de televisión de pago emitían películas y acontecimientos deportivos, pero perdían sin parar clientes que se hartaban de ver siempre las mismas películas y acababan dándose de baja. No obstante, el canal siguió innovando con tecnología por satélite y programación original, como la primera película para televisión de pago difundida por HBO en 1983. Time Inc. se fusionó con Warner Communications en 1989, con lo que HBO pasó a formar parte de Time Warner.

El cambio de rumbo, y una señal de lo que le deparaba el futuro a la cadena, llegó con *The Larry Sanders Show*, en 1992. Protagonizada por Gary Shandling, esa sorprendente combinación de drama y comedia sobre un programa de televisión que se emite de madrugada fue un gran éxito. Obtuvo muchos premios e influyó sobre otras comedias de HBO como *Curb Your Enthusiasm*. Como se trata de un servicio de pago, no en abierto, se pueden permitir que aparezcan desnudos o palabras malsonantes.

La primera serie dramática de una hora de HBO fue el drama carcelario *Oz*, al que siguió *Los Soprano*. Esta serie sobre la mafia duró seis temporadas y pasó a formar parte de la cultura popular. Con nada más y nada menos que ciento once nominaciones a los Emmy, la serie ha sido aclamada por su oscuro contenido y la extraordinaria definición de sus personajes. No hay bien ni mal, y la estructura narrativa, normalmente tan rígida y limitante en las series de televisión, es fluida y ágil. No siempre se reservan las explosiones para el tercer acto ya sobre los títulos de crédito, sino que las revelaciones pueden producirse en cualquier momento; se trata de una fórmula que la televisión ha usado durante mucho tiempo: la gente muere cuando menos te lo esperas y no hay una moraleja para los personajes principales al final de cada capítulo.

HBO siguió con series impresionantes y en 2002 volvió a despuntar con *The Wire*. De efecto retardado en todos los sentidos, la serie, sobre policías de Baltimore que combaten, aunque en vano, la cultura de la droga que impregna la ciudad desde las altas esferas hasta los bajos fondos, tardó un poco en arrancar, y todavía más en hacerse con un público; hasta que llegó un momento en que la serie empezó a surtir efecto. Puede que fuera por el plano de D'Angelo jugando al ajedrez en un complejo de viviendas de protección oficial o aquel de Jimmy McNulty animando a sus hijos a que espíen a un importante traficante de drogas en un mercadillo al aire libre, pero el hecho es que cuando lo hizo, *The Wire* se convirtió en pura adicción televisiva, con esos episodios estructurados con gran esmero y grandes detalles realistas en los personajes de ese mundo. La serie acabó encontrando un público y los espectadores se convirtieron en ardientes defensores que difundían la buena nueva ante cualquiera que estuviese dispuesto a escuchar.

HBO sigue creando programas de máxima calidad, entre ellos, más recientemente *Boardwalk Empire*, *True Blood* y, por supuesto, *Juego de Tronos*.

Una de las críticas que se le suelen hacer a la cadena es que no pone suficiente empeño en acabar con la piratería. *Juego de Tronos* es una de las series más pirateadas en Estados Unidos. Según Andy Greenberg de Forbes, «la segunda temporada de la serie se ha descargado más de veinticinco millones de veces a partir de archivos *torrent* desde que empezó a principios de abril y la piratería alcanzó su máximo después del episodio del 30 de abril, con más de dos millones y medio de descargas en un solo día». La primera temporada fue la serie más pirateada de todos los tiempos, por detrás de la sexta temporada de *Dexter*. Greenberg comentaba: «HBO no ha contribuido al problema ya que hace que la serie resulte difícil de ver *online* para los jóvenes y quienes no dispongan de cable. La serie no se puede ver a través de Hulu o Netflix, en iTunes solo se ofrece la primera temporada y servirse de HBO Go, el servicio de *streaming* de HBO, requiere una suscripción de cable.»

HOMBRE BONDADOSO, EL

SPOILER

El Hombre Bondadoso pertenece a la Hermandad de los Hombres sin Rostro, una sociedad secreta de asesinos que rezan al dios de la muerte, su Dios de las Muchas Caras.

Cuando Arya va a Braavos para aprender las costumbres de los Hombres sin Rostro, el Hombre Bondadoso se hace cargo de su adiestramiento. Primero se le aparece como un ser grotesco, al que de la vacía cuenca del ojo le sale un gusano; pero, cuando emplazan a Arya a que muerda el gusano, la cara del Hombre Bondadoso se convierte en la de un dulce anciano.

Cuando cree que Arya ya está preparada, le da su primera misión. La niña recibe instrucciones de matar solo al objetivo y no hacer ningún daño a su guardaespaldas. Ella se fija ingeniosamente en que el objetivo siempre muerde las monedas de oro y le cuela una envenenada cuando no está mirando.

ILLYRIO MOPATIS

Illyrio Mopatis reside en la Ciudad Libre de Pentos. Es un hombre rico gracias a sus negocios con huesos de dragón y especias. Él y Varys urdieron un plan según el cual Varys robaría objetos de valor a ladrones y después Illyrio los recuperaría para sus antiguos dueños a cambio de una pequeña suma. Pensaban hacerse muy ricos con eso y aumentar la riqueza a través de su red de espías.

El objetivo principal de Illyrio es encontrar alguna manera de que los Targaryen exiliados recuperen su puesto en el Trono de Hierro y se sirve de la influencia de Varys, que es el gran maestro de los rumores en todo el reino, para conseguirlo.

Obeso, con una barba amarilla bifurcada, Mopatis había sido un mercenario excepcionalmente apuesto.

Recuerda de continuo aquella época gracias a la estatua que lo representa como un muchacho desnudo, esbelto y apuesto, que adorna su piscina de mármol. Al ver la diferencia entre aquel que fue y lo que es le falta poco para echarse a llorar.

Acogió y cuidó en su casa a Viserys y a Daenerys Targaryen, a pesar de lo cual en una ocasión pensó en matar a Viserys para poder casarse con su hermana. No obstante, Mopatis no tardó en comprender que la timidez natural de la joven haría que no fuese una pareja adecuada para él. Parece que la razón de protegerlos era más el interés económico que el verdadero amor, ya que se dice que Viserys le había prometido el título de consejero de la Moneda cuando se convirtiera en rey. A cambio, Mopatis alimentaba el ego de Viserys diciéndole que Poniente ardía de impaciencia por que regresara y que anhelaba celebrar su victoria.

Por otra parte, Mopatis se encargó de gestionar el matrimonio acordado entre Daenerys y Khal Drogo.

JAIME LANNISTER

Apuesto y de larga cabellera dorada, Jaime Lannister, el chico malo de Poniente, tiene la lengua muy rápida y rebosa machismo. Es capaz de cualquier ruindad para salirse con la suya. Así que el hecho de que suscite, ya que no simpatía, al menos sí una cierta sensación de empatía, dice mucho en favor del guion de Martin y de la interpretación del actor danés Nikolaj Coster-Waldau.

Jaime Lannister, conocido como el Matarreyes, es el primogénito de Tywin Lannister y llegó al mundo después de su hermana gemela Cersei. Como Mano del Rey, a los quince años se convirtió en la persona más joven en conseguir un puesto en la Guardia Real del Rey Loco. Sirvió al rey Aerys y durante el tiempo que pasó allí presenció horripilantes enfrentamientos, entre ellos la muerte del hermano y del padre de Ned Stark.

Cuando su padre asaltó el castillo y saqueó la ciudad, Jaime descubrió que el rey había enterrado una enorme cantidad de fuego valyrio bajo la ciudad e iba a utilizarla para volar Desembarco del Rey, por lo que, violando su juramento real, lo apuñaló por la espalda; el rey murió y Jaime se ganó el nada deseado apodo de Matarreyes.

Vio cómo su querida hermana gemela se casaba con Robert Baratheon. El matrimonio tiene tres hijos, pero esos niños, Joffrey, Myrcella y Tommen, no son hijos de Robert, sino de Jaime. Jaime y Cersei eran inseparables de pequeños y cuando fueron un poco mayores empezaron a experimentar con el sexo juntos. Durante uno de aquellos encuentros, los descubrió un sirviente, que corrió a contárselo a su madre, que los instaló en alas distintas del castillo y les prohibió que volvieran a hacerlo; está claro que no funcionó.

Jaime dejó el hogar a los once años para ser escudero. Cuando tenía quince, fue a visitar a su hermana, que le contó que su padre quería casarlo con Lysa Tully. Cersei pensó que así Jaime sería miembro de la Guardia Real, que eso les permitiría estar más próximos y que evitaría que Jaime se casara con otra mujer. En aquella visita acabaron teniendo relaciones sexuales y Cersei se aseguró de que él entrara a formar parte de la orden real.

Jaime no tardó en comprender que el Rey Loco, Aerys, lo había escogido para vengarse de su padre, Tywin Lannister, del cual estaba celoso, ya que así impedía que pudiera hacer a su hijo favorito heredero de Roca Casterly.

La madre de Jaime no es la única persona que se entera del incesto de sus hijos, Jaime y Cersei. Bran Stark los descubre en pleno encuentro sexual cuando el pequeño está escalando un edificio cercano. A Bran eso le acarrea consecuencias que cambiarán toda su vida: Jaime lo tira por la ventana y, aunque sobrevive a la terrible caída, queda lisiado. Este hecho distancia a los Lannister de los Stark, lo que acaba conduciendo a que Jaime sea capturado por el ejército de Robb Stark. Para colmo, mientras se hallaba en poder de Robb y sin que lo sepa Jaime, su querida hermana ha iniciado una relación sexual con su primo Lancel.

Jaime es prisionero de los Stark durante bastante tiempo pero en cierto momento lo entregan a Catelyn Stark, que va a intentar una heroicidad. Actuando por su cuenta, con la mente puesta en el bien de su familia y contra la orden de Robb, quiere cambiarlo por sus dos hijas, que cree retenidas. No obstante, Catelyn no quiere dar pasos en falso, por lo que confía en una temible guerrera llamada Brienne para que lleve a Jaime a Desembarco del Rey según sus condiciones. Durante el camino de vuelta a casa, Jaime acaba congeniando con Brienne, pese a que le parece una de las doncellas más feas que ha visto jamás.

SPOILER

El trayecto de vuelta a Desembarco del Rey es largo y en él son capturados Jaime y Brienne. Los captores reconocen inmediatamente a Jaime y se mofan de él por ser el Matarreyes. Como castigo, le cortan la mano de la espada, lo dejan con un muñón a punto de gangrenarse y lo llevan a Harrenhal. Jaime cae en la desesperanza al comprender que lo que hacía de él un hombre temible no era más que la mano con que empuñaba la espada. Más tarde liberan a Jaime, pero Brienne permanece cautiva. Sin embargo, de camino a casa, Jaime tiene un sueño sobre ella que lo conmueve y vuelve a Harrenhal para rescatar a su compañera.

Ya instalado en Desembarco del Rey y después de la muerte de Joffrey, Jaime se encuentra nuevamente con Cersei y ambos hacen el amor ante el cadáver de su hijo. Sin embargo, Jaime ha vuelto convertido en otro hombre y su relación con Cersei no tarda en desmoronarse. Cuando acusan a Tyrion, sin razón, de haber asesinado a Joffrey y lo condenan a muerte por ello, Jaime lo rescata.

Él se marcha de Desembarco del Rey y al cabo de cierto tiempo recibe una carta en la que ella le suplica que sea su campeón en un juicio-por-combate que puede tener lugar ya que la han encarcelado. Jaime, que se había enterado de que Cersei había tenido algunas aventuras, ordena que la carta sea quemada.

JON NIEVE

Si bien la primera temporada está concebida como un enigma criminal al viejo estilo, con Ned Stark buscando desesperadamente respuestas a la pregunta de quién mató a su mentor Jon Arryn, hay un misterio mucho más profundo que continúa sin ser resuelto: ¿quién es la madre de Jon Nieve?

Jon Nieve ha tenido que cargar con la etiqueta de hijo bastardo de Eddard Stark y eso lo enfurece cada vez que surgen comentarios sobre el asunto. Soporta los insultos igual que un soldado sus heridas; lo ayudan a mantener el control y a no sentirse nunca demasiado importante.

Criado por su padre, ha desarrollado un estrecho vínculo con su hermano y sus hermanas, pero siempre choca con el recelo de su madre, Catelyn Stark. Para ella, la presencia de Jon es un continuo recordatorio de la infidelidad de su amado esposo; por eso lo trata con frialdad y le preocupa que mantenga una relación tan estrecha con sus hijos.

Kit Harington, que interpreta a Jon, ha dicho en *westeros.org* acerca de su misterio: «Creo que Jon lo ha dejado estar. No es que haya olvidado la pregunta; por supuesto, él quiere saber quién es su madre tanto como nosotros y la muerte de su padre tiene también esa parte negativa.»

Jon no solo ha perdido a su padre; también ha perdido a su madre, porque al morir Ned muere también la identidad de su madre. Así lo explicaba Harington: «A menos que Catelyn lo sepa —y si es así nunca se lo dirá—, es ya como si no existiera la cuestión de la identidad de su madre; Jon no puede averiguar nada más. No se reconciliarán jamás. Ha habido odio desde el principio; bueno, él no la odiaba, pero ella sí que lo odiaba a él.»

Nieve había oído historias de una noble estirpe de guerreros que ayudan a proteger el Norte de los salvajes y otras criaturas. Cree que está llamado a formar parte de la Guardia de la Noche y anhela servir en ella, ya que ve en ello una ocasión de crear su propia identidad, encontrar una nueva familia y no estar manchado con el mismo baldón que su tocayo. Así que se une a la Guardia, pero le cuesta adaptarse, porque se da cuenta de que aquella idea de nobles soldados era mentira. Capturan delincuentes y les dan a elegir entre la mutilación, la muerte o un lugar en el Castillo Negro para servir en la Guardia de la Noche. A pesar de todo, se da cuenta de que esa es la familia que andaba buscando.

Lo mandan a las montañas con un destacamento cuya misión es matar al antiguo miembro de la Guardia de la Noche: el Rey-Más-Allá-del-Muro: Mance Rayder. Cuando está Más Allá del Muro, le encomiendan la tarea de acabar con un grupo de salvajes, entre los que hay una mujer. Tiene ciertos escrúpulos a la hora de matarla y eso le permite a ella escapar. Jon consigue volver a capturarla, pero ha perdido a los otros miembros del destacamento. Los salvajes los capturan a él y a otro integrante de su grupo, que le dice que lo mate y se pase a los salvajes para descubrir cuáles son sus planes.

SPOILER

Separado de la Guardia de la Noche, Nieve se encuentra con Mance Rayder; con el tiempo se entera de los planes del Rey-Más-Allá-del-Muro para invadir los Siete Reinos. Además, se hace amante de Ygritte, la mujer a la que debía matar, con lo que rompe el voto de castidad de la Guardia de la Noche.

Tras haber pasado mucho tiempo con Mance Rayder y los salvajes, Nieve consigue escapar y se dirige al Castillo Negro. Se despide de los salvajes, entre ellos Ygritte, que muere en sus brazos.

Defienden el muro durante varios días, pero, cuando Alliser Thorne y Janos Slynt llegan al Castillo Negro, arrestan a Nieve por su deserción. No obstante, acaban poniéndolo en libertad y él va asumiendo su posición como líder, pero los otros comandantes lo apuñalan por su insubordinación y su decisión de hacer que la Guardia se una a los salvajes.

Seguimos sin saber quién es su madre (entre las posibles figuran Ashara Dayne y un ama de cría llamada Wylla), pero una teoría muy extendida es que Ned Stark, en realidad, no es su padre, sino que había dicho que lo era para protegerlo. Si fuera así, la cuestión es quién podría ser su padre. Se ha sugerido a menudo que Rhaegar Targaryen, que era el hijo del Rey Loco y se supone que secuestró a Lyanna Stark, la hermana de Ned, con la que estaba prometido Robert Baratheon. Eso habría sido el desencadenante de la sucesión de acontecimientos que llevaron a la Rebelión de Robert. No obstante, hay quien cree que Rhaegar no secuestró a Lyanna, sino que se amaban.

Robert aborrecía todo lo que tuviera relación con los Targaryen y eso quedó bien patente cuando le mostraron los cadáveres de los hijos de Rhaegar, después de que hubiera ganado la batalla con el Rey Loco. Ned estaba horrorizado porque se hubiera dado muerte a aquellos niños; sin embargo, Robert estaba casi feliz. O sea que a saber qué haría Robert si su amada Lyanna se hubiera quedado embarazada de Rhaegar. Eso haría lógico que Ned fingiera que el niño era suyo: para evitar que le sucediera nada al hijo de su hermana; aun teniendo que aguantar que su esposa creyera que él tenía una aventura.

El papel de Jon Nieve lo interpreta Kit Harington, cuya vida cambió a partir de protagonizar el montaje teatral londinense de *War Horse*, que acabaría convirtiéndose en una película dirigida por Steven Spielberg.

Esto fue lo que dijo sobre su personaje a *westeros. org*: «Cuando conseguí el papel, devoré los libros y acabé llegando demasiado lejos. Son una lectura irresistible, pero tuve que pisar el freno porque me había adelantado demasiado. Me encanta tener a mano el material de referencia: a algunos actores no: quieren saber solo lo que está en el guion, pero si el personaje está en el papel y ahí hay más de lo que pone en el libreto televisivo, yo quiero saberlo.

»Jon quiere saber quién es su madre, pero lo que lo mueve no es eso; en realidad solo quiere demostrar que él es algo más que un bastardo. Es un buen hombre, al igual que su padre, y quiere demostrarlo. Sabe que quizá vuelva a ver a sus hermanos y hermanas, puede que vuelva a ver el Sur, puede vengar la muerte de su padre, pero está con la Guardia de la Noche y allí puede ascender y ser el mejor. Jon comete muchos errores porque se esfuerza demasiado por impresionar. Es muy bueno en lo que hace y es un líder nato, pero al igual que cualquier joven se equivoca en algunas decisiones. En la segunda temporada los comete, desde luego.»

Pese a que al principio rechazaron a Kit porque era demasiado mayor para interpretar al personaje de catorce años, que es la edad que tiene en el libro, se ha convertido es un rompecorazones y muchas fans están encantadas con los cambios introducidos por Weiss y Benioff.

Trabajar en la segunda temporada le pareció más difícil que hacerlo en la primera: «Resultó más duro porque la indumentaria era más voluminosa; esa fue la principal diferencia. El año pasado estábamos en el patio de ejercicio con un equipamiento mínimo, pero aquí nos movemos al norte del Muro y hay que llevar un gran manto, además de capas y capas de ropa (no paran de ponerte prenda sobre prenda); y debajo de todo eso tienes la ropa interior de invierno y alguna otra cosa más. De esa guisa, en Islandia, coreografiamos un combate que ensayamos día tras día hasta que la cosa se puso bastante peliaguda.»

Parece que el vestuario lo hace todo más complicado: «Entonces nos pusimos los trajes y no podíamos movernos. Parecía que no servían y que no sabíamos qué hacer, pero, en realidad, le dieron verosimilitud al combate. Porque en el mundo real, los combates son feos, desagradables; no son fluidos ni como fotografías preciosistas. Eso fue lo que aprendimos; no iba a ser bonito de ver, no se trataba de una escena de combate ligera; iba a ser lo que acabó siendo. En la escena llevamos un montón de equipo y de ropa, y hay muchísima nieve (combatir en la nieve es harina de otro costal), que acabó convertida en un auténtico barrizal.»

Harington pasó a explicar que había ido comprendiendo mejor a su personaje a medida que progresaba la grabación: «He empezado a entender de verdad a Jon conforme íbamos avanzando; creo que la pausa que tuvimos entre la primera y la segunda temporadas fue muy beneficiosa. Es curioso que aunque no pensaba en él a todas horas del día, Jon fue madurando un poco dentro de mi cabeza. La primera temporada me encantaba interpretarlo, pero siempre estaba pensando en qué pasaría en la segunda. La primera trata sobre su conflicto interior, sobre si quiere estar con su familia o en el Muro y se vuelve muy introvertido. Al final de la primera temporada, decide que tiene su propia guerra que librar. Así que en la segunda, la cosa ya está muy clara: Jon tiene una misión, está decidido, va a cumplirla. Me pareció que eso era un cambio muy interesante para él.»

El actor se rompió el tobillo y tuvo que cancelar una aparición en el panel de la Comic-Con de julio. La cadena HBO le dijo al *Hollywood Reporter* que no se había hecho daño en el rodaje y que la lesión no interferiría con la producción de la serie.

JORAH MORMONT

Ser Jorah Mormont es un caballero que cayó en desgracia y se exilió para evitar la ejecución a la que le condenaron al encontrarlo traficando con esclavos. Eso acabó con una carrera militar realmente ejemplar. Había sido nombrado caballero por su valentía durante la batalla de Pyke, en la que se intentaba frenar la Rebelión Greyjoy. Se sabe poco de la primera esposa de Jorah; a la segunda la conoce durante el torneo del Rey que se convoca para celebrar la victoria. Se enamora al instante de Lynesse Hightower; entonces pide permiso para ganar su favor en el torneo. Se le concede y, contra todo pronóstico, gana al superar a todos los que se presentan. Esa misma noche la pide en matrimonio.

Lynesse, procedente de una familia muy rica, pronto empieza a sentirse muy desgraciada en la remota isla donde vivía Mormont. Este intenta reproducir la esplendorosa existencia de que había disfrutado antaño su esposa y así se arruina. Para obtener dinero, se dedica al tráfico de esclavos, lo cual viola uno de los tabús más antiguos de los Siete Reinos.

Eddard Stark descubre las actividades ilícitas de Mormont y hace que lo condenen a muerte. Huye a Lys con Lynesse e intenta organizarse la vida como exiliado, pero al poco tiempo Lynesse lo abandona. Entonces se hace mercenario; acaba conociendo a Viserys Targaryen y entra a su servicio en la boda de Daenerys. Empieza a informar secretamente a Varys con la esperanza de obtener un perdón real. Poco a poco crece su admiración por Daenerys, pero no le ocurre lo mismo con Viserys, como queda demostrado cuando ve que mata a Drogo. Efectivamente, tiene más simpatía por Daenerys y eso hace que al descubrir que la vida de ella está amenazada por una maniobra de Varys, Mormont interviene en el momento preciso para impedir que la maten.

Mormont guía a la asustada joven dama y le aconseja en el trayecto que ella recorre desde la duda y los nervios hasta la fortaleza, el honor y el poder. Lucha con un guerrero dothraki hasta darle muerte para protegerla y se queda anonadado cuando cree que ella está decidida a meterse en la hoguera para quitarse la vida y reunirse con su esposo muerto. Sin embargo, la sorpresa es mayúscula al ver que no se quema y sobrevive, junto con sus huevos de dragón, que han eclosionado.

Cuando por fin llegan a la ciudad de Qarth, Mormont cesa toda comunicación con los Siete Reinos. Un asesino intenta acabar con Daenerys, de nuevo; pero esta vez quien le salva la vida no es Mormont, sino un desconocido llamado Arstan Barbablanca, que acaba resultando Ser Barristan Selmy, el antiguo guardia del rey al que despojaron de su título cuando se coronó a Joffrey.

SPOILER

Selmy informa a Daenerys de que el hombre que era su mano derecha es, en realidad, un informador que trabaja para Varys. A esas alturas, Mormont ya le ha declarado su amor a Daenerys y ella empieza a hartarse de sus intentos de aproximación. Harta de la doble cara de ambos hombres, les ordena embarcarse en una misión suicida. Sobreviven los dos y cuando Selmy suplica su perdón, ella se lo concede.

Mormont, por su parte, está menos dispuesto a hacerlo, porque cree que ya ha demostrado sobradamente su fe y su lealtad hacia ella. Disgustada por sus acciones, Daenerys le ordena irse y le dice que si vuelve a verlo lo matará.

De camino a Volantis, Mormont ve a Tyrion Lannister en un burdel y lo apresa en un movimiento desesperado por recuperar el favor de Daenerys. Un grupo de esclavistas ataca su barco y los venden como esclavos; a Mormont, además, lo obligan a lucir la cara de un demonio tatuada en su mejilla. Alguien intenta comprarlo, para cortarle la cabeza y dársela a Daenerys como regalo de boda. Al enterarse de que va a contraer matrimonio, Mormont escapa de su nuevo dueño y, junto con Tyrion, se une a la compañía mercenaria de los Segundos Hijos.

El papel de Jorah Mormont lo interpreta con delicadeza y elegancia Iain Glen, un consumado actor escocés que recuerda a Richard Chamberlain de joven. Dejó la

Royal Academy of Dramatic Art en 1985 y fue aclamado por su interpretación del poeta escocés encarcelado Larry Winters en *Silent Scream* (1990). Ha aparecido con éxito en el cine y en la pequeña pantalla, así como sobre los escenarios.

LENGUA DOTHRAKI

Una de las muchas tareas a las que se enfrentaron Benioff y Weiss fue la de crear una nueva lengua para el clan Dothraki, unos jinetes temibles que no se detienen ante nada y hablan un idioma propio y áspero. Para conseguirlo acudieron a la Language Creation Society (Sociedad para la Creación de Lenguas, SCL) y les pidieron a sus miembros que presentaran una propuesta; al final seleccionaron la de David J. Peterson.

Tomando prestado vocabulario de Rusia, Turquía y Estonia, y, entre otros idiomas, del suajili y el inuit, Peterson se puso manos a la obra; en una declaración difundida por HBO decía: «Al diseñar el dothraki, quise permanecer lo más fiel posible al material de la saga de George R. R. Martin. Aunque los libros no ofrecen muchos datos, se percibe un orden dominante de las palabras (sujeto-verbo-complemento); también se ve que los adjetivos aparecen después de los nombres y que no hay verbos copulativos (ser, estar). Seguí esos criterios y al mismo tiempo intenté crear una fonética que resultará familiar a los lectores; también trate de darle profundidad y verosimilitud. Quiero que los fans de la serie vean una palabra en dothraki y sean incapaces de decir si sale de algún libro o si me la he inventado, y que los espectadores ni siquiera se den cuenta de que se trata de un lenguaje fabricado.»

Por su parte, Weiss añadía: «Trabajar con David y la SCL es muy emocionante. El lenguaje que ha concebido es fenomenal. Capta la esencia de los dothraki y aporta un grado más de riqueza a su mundo. Estamos impacientes por ver la primera colección de sonetos de amor en dothraki.

Peterson no se tomó la tarea a la ligera. En los libros de Martin aparecen unas cuantas palabras en dothraki, pero Weiss y Benioff tenían el convencimiento de que, para ciertas escenas, la serie necesitaba tener un idioma de verdad y no bastaba con un mero parloteo regurgitado. Con ese objetivo, Peterson creó una gran base de datos en la que vertió casi dos mil vocablos ingleses al dothraki y los grabó todos para que los actores pudieran oír cómo debería sonar cada palabra. Quienes iban a hablar dothraki primero aprenderían su lenguaje en inglés para captar el tono y la emoción, y después pasarían a escuchar las grabaciones en dothraki.

Sin asustarse por tener que aprender todo un idioma nuevo para el papel, Jason Momoa, que interpreta a Drogo, estaba impaciente por empezar. «Algunas de las cosas que digo, no las había oído nunca en televisión o en las películas; y para rematarlo, tener aquel asombroso lenguaje nuevo que habían creado era todo un honor. Creo que nunca volveré a interpretar un personaje semejante. Sumergirse en una lengua ajena es fantástico. Yo no sé idiomas, pero ahora puedo hablar inglés y dothraki: todo un logro.»

Emilia Clarke, que interpreta a Daenerys (Dany), declaró en *thisisfakediy.com*: «Recuerdo que el primer día que grabamos en dothraki yo estaba petrificada. Cuando llega el momento de la verdad, tienes la mente en blanco. Pero en cuanto superas ese momento y las palabras empiezan a hacérsete mucho más familiares, es como si no tuvieras más que apagar el cerebro y echarte a hablar; te sale sin más. Luego, añadirle a eso algo de buena interpretación es la parte realmente difícil.»

Luego comentó: «Un día dothraki podía significar una jornada de grabación muy larga. Se trata de una lengua en la que podría expresarme con fluidez, pero no es así. Recibes los guiones y, además, tienes el dothraki, así que tienes que insertar el inglés en el dothraki, encontrar la entonación adecuada y todo lo demás. Se trata de una lengua y de una cultura que han surgido de la imaginación de George y estamos intentando poner todo eso en la pantalla, pero, de hecho, disponemos de cierta libertad para crearlo en nuestra interpretación. Así que fue muy muy divertido y añadía una vía de entrar todavía más en Dany y en su mundo.»

No obstante, como era de esperar, crear una nueva lengua tiene sus dificultades. El 10 de octubre de 2011, despertaron a Peterson alrededor de las dos de la madrugada. No era una novedad que el equipo de producción lo despertara, pese a la diferencia horaria, para pedirle una traducción urgente, pero Peterson creía que ya habían acabado la segunda temporada. Recordando el momento en su blog, escribió: «A eso de las cuatro de la madrugada [hora suya] recibí un correo electrónico de Bryan Cogman con el asunto "¡¡¡Texto de EMERGENCIA dothraki!!!". Decía que necesitaban poner en dothraki la frase "Coged todo el dinero y las joyas" y que lo necesitaban al cabo de un par de horas. Aunque era muy tarde, traduje rápidamente la frase y se la envié a Bryan a la una y nueve del mediodía [hora suya]. Por desgracia, en realidad no llegó a tiempo. Aquel día Bryan no estaba en la grabación, pero dijo que creía que iban a hacerlo en lengua común, lo que es una lástima (¡cuanto más dothraki, mejor!). Yo no podía hacer nada, así que pensé que habíamos tenido mala suerte y enseguida me olvidé del asunto.» Unos meses después se quedó atónito cuando se enteró de que Iain Glen había improvisado en dothraki. Por suerte, lo impresionó el intento de Glen y cómo se las arregló para pulirlo hasta que encajó en el lenguaje creado por él.

Glen también le habló de la lengua dothraki a *westeros.org*: «Es una pesadilla. Tienes una jerigonza que resulta muy difícil de aprender, pero el esfuerzo merece la pena porque cuando te pones a inventártelo por tu cuenta, siempre suena ridículo. Ese gran lingüista ha desarrollado todo un idioma, de manera que cuando necesitas una frase puedes acudir a él. La piensa y siempre resulta coherente. Pero es realmente difícil; una frase está bien, pero si tienes todo un discurso, tío, es duro, realmente duro. En realidad lo único que tienes que hacer es aprendértelo de memoria porque tienes una serie de sílabas carentes de sentido. David te dice la frase y te la aprendes, pero él no le da entonación y es estadounidense, así que suena distinto. Eso sí, te da el sonido correcto y luego tú la piensas como si fuera inglés mientras la pronuncias en dothraki. Si tienes una frase en dothraki enfadado, la repites una y otra vez para que salga bien.»

Después de aquello, Martin, que quedó inmensamente impresionado, busca el consejo de Peterson para trabajar en los dos últimos libros, como le contó a *Empire*: «Ahora consulto con él cuando quiero inventar una nueva palabra dothraki. Ha elaborado un diccionario y un glosario. Es asombroso el valor que le da a la serie que se hable en dothraki y haya subtítulos, en vez de que todos hablen inglés. En 2010, visité las cuevas Jenolan en Australia; en algunas hay visitas guiadas en las que coges un auricular y vas oyendo la descripción de lo que estás viendo y como las cuevas son un gran destino turístico, las ofrecen en muchas lenguas. Una de ellas es el klingon, lo que me sorprendió, aunque no sé si habrá muchas personas que opten por el klingon. Ahora mi objetivo es que añadan la lengua dothraki, para no ser menos que los dichosos klingons.»

MANCE RAYDER

El hombre al que se conoce como el Rey-Más-Allá-del-Muro, Mance Rayder, es un tipo delgado que desertó de la Guardia de la Noche para unirse a los salvajes, a los que les enseñó nuevas tácticas y los moldeó hasta convertirlos en un formidable equipo de combate.

Nació entre los salvajes antes de que la Guardia de la Noche se lo llevara, siendo él niño, para criarlo con ellos en el Castillo Negro. Mance es un miembro leal, hasta que en una misión exploratoria resulta herido y lo cura una salvaje, que cuida de él e incluso le remienda la capa con tela nueva. Sin embargo, a su regreso al Muro, Mance se queda atónito cuando le ordenan que sustituya su uniforme remendado. Se despierta su deseo de ser más libre de elegir, por lo que rompe sus votos y abandona la existencia que conocía para vivir entre los salvajes.

El nombre de Rayder se menciona en numerosas ocasiones durante las dos primeras temporadas de *Juego de Tronos*, y el personaje aparece en pantalla, por fin, durante la tercera temporada.

SPOILER

Jon Nieve ha pasado a la clandestinidad desde la Guardia de la Noche en un intento de infiltrarse en el ejército de Rayder. Sin embargo, descubre que viven temerosos de las criaturas malignas que infestan aquellas vastas extensiones, por lo que lo que los mueve a querer tomar el Muro es defenderse de tales criaturas.

Rayder intenta invadir el Muro, pero Nieve y una dotación mínima de los hombres de la Guardia de la Noche consiguen mantenerlos a raya hasta que llega Stannis, que ordena que quemen vivo a Rayder. Sin embargo, la hechicera del fuego, Melisandre, le perdona la vida y ejecuta un hechizo para hacer que otro hombre tenga el aspecto de Rayder.

Después Ramsay Bolton retiene a Rayder, que durante su cautiverio cose pieles en la jaula para abrigarse.

MANO DEL REY

Hacia el final de la primera temporada, vemos a dos Manos del Rey asumir el cargo, cada uno por su cuenta, y antes de que termine la temporada ambos están muertos. El puesto puede ser prestigioso, ya que se trata del principal consejero del rey, pero también conlleva riesgos.

Los deberes del cargo son redactar leyes y comandar los ejércitos del rey; también hay que gestionar el funcionamiento cotidiano del reino. En realidad, todo consiste en jugar a varias bandas, acariciar los egos y tener bajo control las desavenencias dentro del Consejo Privado; a cambio hay pequeñas recompensas y castigos severos. No es de extrañar que una de las descripciones más habituales del cargo sea: «El Rey caga y la Mano limpia la mierda.»

Con el rey Robert Baratheon hay dos personas que ejercen el cargo de Mano, pero no al mismo tiempo, por supuesto: Jon Arryn y Lord Eddard Stark. Arryn solo aparece unos segundos en el primer episodio, pero es uno de los personajes más importantes, ya que su muerte pone en marcha los acontecimientos de toda la serie. Había sido como un padre para Eddard y Robert cuando era Guardián del Oriente, y cuando el Rey Loco quiso que le entregara a ambos se negó, con el consiguiente enfrentamiento con varios señores. Combatió en el bando de Robert cuando este intentó hacerse con el trono y contrajo matrimonio con Lysa Tully en una jugada calculada para conseguir el apoyo de su poderoso padre.

Robert, al asumir la corona, nombró Mano a su segundo padre. Arryn aconsejó a Robert que se casara con Cersei Lannister, creyendo que una alianza firme con

Tywin Lannister aseguraría que el dinero nunca fuera un problema, pero Robert siguió gastando sumas desmesuradas en los torneos. Más adelante Arryn y Stannis Baratheon se dieron cuenta de que Robert no era el padre de los hijos de Cersei; fue, de hecho, el hermano de esta, Jaime Lannister, quien los engendró. Arryn fue asesinado antes de que pudiera contárselo a nadie más.

Por lo que respecta a la segunda Mano de Robert, Ned Stark, es decapitado hacia el final de la primera temporada.

En la segunda temporada, Tywin Lannister es la Mano del Rey Joffrey. El cargo lo tenía Tyrion, cuyo papel en la batalla de Aguasnegras es decisivo, pero no se le reconoce el mérito de la victoria y no tarda en ser sustituido por su padre.

SPOILER

Cuando Tommen Baratheon se convierte en rey, Tywin Lannister, Harys Swyft, Orton Merryweather y Mace Tyrell han sido todos Mano del Rey.

MEÑIQUE

Meñique, que aparece por primera vez como consejero de la Moneda en el Consejo Privado del Rey, es el apodo de Lord Petyr Baelish. Afirma nadar entre dos aguas pero, de hecho, teje una intrincada red de mentiras y engaño. Urde astutas tramas y lleva a la muerte a peones ignorantes mientras juega su propia partida de ajedrez con el objetivo de echar mano al mayor de todos los premios: el poder.

Llegar tan lejos parece un pequeño milagro para Meñique, quien ha pasado muchos años intentando prosperar a partir de su humilde origen. Su padre era un casi insignificante señor de un área insignificante próxima al mar Angosto, que se extiende entre Poniente y Essos, el continente oriental. Hoster Tully entabló amistad con el padre de Meñique y a este lo mandaron al castillo de Aguasdulces como pupilo para ser criado junto a los hijos de Lord Tully, Catelyn, Lysa y Edmure. Se enamoró de Catelyn, pero ella siempre lo ha querido como a un hermano.

Cuando se anunció el compromiso entre Catelyn y Brandon Stark, Meñique tuvo la temeridad de retar en duelo a Brandon por la mano de ella; de aquel enfrentamiento, a Meñique le quedó una enorme cicatriz en el pecho, pero salió vivo gracias a Catelyn, que le pidió a Brandon que le perdonara la vida. Pese a aquello, a partir de entonces, ella no volvió a hablarle y llegó al extremo de quemar la carta que le escribió él al morir Brandon.

Meñique también tuvo problemas con otro de los hijos de Tully, ya que se acostó con la hermana de Catelyn estando borracho y la dejó embarazada. Hoster Tully le dio a Lysa té de luna para abortar porque no podían admitir a Meñique a causa de que su familia era de baja extracción social. A Meñique lo expulsaron de Aguasdulces, pero Lysa continuó teniendo una relación con él y, cuando se casó con Lord Jon Harryn, la Mano del Rey Robert, se las arregló para conseguirle el control de las aduanas en Puerto Gaviota.

Gracias a su habilidad para los negocios, Meñique consigue que haya mucha gente que lo admire y por eso lo nombran consejero de la Moneda en Desembarco del Rey, donde compra muchos burdeles.

SPOILER

Se descubre que cuando el marido de Lysa iba a decirle al rey que sus hijos no eran suyos, sino que los había engendrado el hermano de su esposa, Meñique manipuló a Lysa para que envenenara a su esposo. Para ello, Meñique le hizo creer a Lysa que su marido pensaba mandar lejos a su joven hijo para que lo adoptaran. En realidad, quien la manipuló fue Meñique, que la convenció para que escribiera una carta a su hermana y le dijera que los Lannister habían estado involucrados en la muerte de Jon. Esa carta se la mandó a Ned Stark a Desembarco del Rey y con ella se puso en marcha una sucesión de acontecimientos con los que empieza la serie y que llevan a la muerte del rey Robert y a la guerra que se extiende por los Siete Reinos. Por otra parte, también es Meñique quien lleva a su muerte a Ned Stark, ya que lo ha traicionado después de morir el rey Robert.

Meñique frustra una conspiración que se teje para alejar a Sansa Stark de Desembarco del Rey. Para conseguirlo informa del plan a Tywin Lannister, que casa a la joven con Tyrion para mantenerla allí.

La actividad que despliega Meñique al principio del reinado de Joffrey le proporciona una buena posición como gran señor. Entonces le encargan que corteje a Lysa Tully y se case con ella para intentar ganarse Valle de Arryn, un territorio que se mantiene neutral. Como había tenido una aventura con ella, Meñique piensa que será una tarea fácil. No obstante, se queda cerca de Desembarco del Rey para tramar la muerte de Joffrey. Cuando ocurre esa muerte, a causa de un veneno llamado El Estrangulador, le llevan a Sansa que dice que ya está libre de los Lannister. Meñique le tiñe el pelo y Sansa adopta una nueva identidad: Alayne Piedra, hija bastarda de Meñique.

Meñique termina casándose con Lysa, que está celosa de su afecto por Sansa/Alayne e intenta matarla. Meñique la detiene y tras una discusión le dice que solo ha querido a una mujer, su hermana Catelyn. Después la empuja por la Puerta de la Luna y le echa la culpa al bardo Marillion.

Luego le revela a Sansa que la ruina de los Siete Reinos está más próxima de lo que podría haber pensado, gracias a que Cersei está condenada a acabar mal en Desembarco del Rey.

En 2009, a Aidan Gillen un periodista le comentó que actuaba en dos de las series más vistas de todos los tiempos, *Queer as Folk* y *The Wire* y él le explicó: «Bueno, removí cielo y tierra para encontrar ese tipo de papeles y esa clase de series; para mí eso sigue siendo toda la prioridad.»

En 2010 añadió una tercera serie a su currículo, ya que se anunció que había sido elegido para el papel de Lord Petyr Baelish, o Meñique. Su nombre había sona-

do para interpretar al escurridizo personaje y los fans de
de las novelas recibieron la noticia con alegría. Gillen
observó: «Me presenté a una audición para el papel,
como hago para la mitad de las cosas en las que acabo
trabajando. Las audiciones no se me dan muy bien, pero,
si se trata de algo que me interesa mucho, como *Juego de
Tronos*, lo importante no es ser el primero y haré todo lo
que pueda para convencerlos de que me den el papel. No
era consciente de todo el asunto de los fans, aunque alguien me lo comentó después de que me dieran el papel.
Así que si tuvieron alguna influencia, y ahora sé que los
productores, especialmente en un proyecto como ese,
escuchan a los fans, se lo agradezco.»

Gillen empezó a llamar la atención con su papel del
carismático Stuart en la versión británica de *Queer as
Folks*, antes de aparecer en *The Wire*, de HBO, como el
astuto y maquinador alcalde Carcetti. «Me parece que la
mayoría de los personajes, en cualquier historia, tienen
algún defecto, como la mayoría de las personas. Lo que
haces es buscar las virtudes en las personas con defectos
y viceversa, e intentas hacerlas atractivas de alguna manera. Siempre resulta más interesante abordar un personaje que va a tener facetas ocultas o un defecto fatal, porque habrá más material con el que jugar —más conflicto,
interno o alrededor del personaje—; puede que se re-
duzca a encontrar lo que hay de positivo ahí dentro. Me
encanta la dimensión de la historia, que haya tantos hilos
de los que poder tirar; me gusta que sea dura, triste y di-
vertida, y que todo esté enraizado en experiencias huma-
nas, si bien aparece por aquí y por allá la fantasía. Es so-
lida y por eso es verosímil.»

Antes de empezar la segunda temporada, reveló:
«Estoy intentando no limitarme a interpretar villanos.

Haber firmado por el papel de Meñique durante seis temporadas tal vez sea contradictorio con eso, pero yo no veo a Meñique como un villano, sino, más bien, como un brillante estratega y un superviviente en un mundo en el que todos van a por todos. Hay algunos personajes nuevos fantásticos, como Stannis, el hermano de Robert, que va a ser importante. Veremos que Meñique diversifica sus actividades y emprende algunos viajes; es agradable salir de la casa. Además va a hacer tratos con Tyrion, que ocupará una posición verdaderamente dominante en Desembarco del Rey. Siempre están sucediendo muchas cosas y no hay ninguna prisa por emparejar a todos con todos. Como he trabajado en *The Wire*, sé que es bueno plantearse las cosas a largo plazo. Es más interesante y hay menos opciones de dar las cosas por sabidas.»

Michele Clapton, diseñadora de vestuario, ha dicho acerca de la indumentaria de su personaje: «También es interesante fijarse en la trayectoria de Meñique. Empezó teniendo mucho de cortesano, siempre perfecto con su cadenita y su cuaderno de notas, y de pronto dejó de llevar el manto. Se le veían pequeños atisbos de turquesa debajo del traje y el corte pasó a estar un poco más arriba. Poco a poco te vas dando cuenta de que Meñique gestiona burdeles y su vestimenta va volviéndose, también poco a poco, un poco más suntuosa.»

NED STARK

Uno de los aspectos clave en el mundo de George R. R. Martin es la idea de que nadie está a salvo; eso queda de manifiesto continuamente. Es un mundo peligroso, y, si bien hay héroes, no son sobrehumanos. Cometen errores, sangran y morirán; bien es cierto que unos antes que otros. La muerte de Lord Eddard «Ned» Stark fue la señal de que no iba a ser una serie al uso. Los personajes que parecen ser los protagonistas pueden morir mucho antes del final de la serie, al menos en el caso de Ned.

Martin sabe pillar desprevenido al lector porque conoce las expectativas que tiene acerca de los héroes y lo descoloca; por ejemplo, anuncia un intento de liberar a Stark de los Lannister si admite que ha traicionado al trono. Eso va contra todo lo que representa ese hombre honorable, pero le permitiría proteger a sus hijos. Parece un castigo adecuado: herir al protagonista, pero no matarlo. La expectativa del lector es que Stark se irá a casa herido en su orgullo, pero que más adelante volverá para repararlo vengándose de los Lannister. Pero las cosas no van a ir así.

El personaje, que protagonizaba la campaña publicitaria, muere decapitado ante una multitud que vocifera. Es una escena llena de acción y recuerda la muerte de Janet Leigh en *Psicosis*. Por aquel entonces Leigh era una gran estrella y toda la película se construyó a partir de su personaje, que escapaba de una pequeña ciudad con dinero robado; sin embargo, no es más que una víctima más de Norman Bates, y eso hace que el espectador se dé cuenta de que la película empieza de verdad cuando la matan. En *Juego de Tronos* sucede lo mismo: toda la serie arranca en el momento en que muere Ned. De pronto, las casas van a la guerra unas contra otras, un murmullo de insatisfacción recorre los Siete Reinos y hay unas cuantas personas que intentan hacerse con el Trono de Hierro.

Tras emitirse el capítulo en el que muere Ned, el sitio web *winteriscoming.net* escribió: «Casi todos sabíamos que era inminente, pero saberlo no hacía más llevadera la muerte de Ned. Para los fans de *Canción de Hielo y Fuego*, de George R. R. Martin, era el momento crucial. Para cualquiera que tuviera el libro en las manos, la muerte de Eddard Stark fue un aviso: daba igual a qué estuvieras acostumbrado, daba igual lo que hubiera sucedido antes, daba igual lo familiarizado que estuvieras con los tropos y las tradiciones de la literatura fantástica; saltabas de la silla con los ojos como platos. Se te había metido el miedo en el cuerpo; si aquel tipo podía morir...»

El productor ejecutivo Weiss comentó: «Que muera Ned es como contar una fea verdad sobre el precio del honor y de la ética en un mundo en el que no todos tienen los mismos valores que tú. No es un mensaje redentor simplista de que sacrificarse uno mismo salva a todos. Ocurre a menudo que al final el sacrificio es inútil.»

No obstante, si bien la historia escrita en el libro es esa, otra cosa es que una serie de televisión contrate a una gran estrella, haga toda la promoción basándose en esa estrella y luego la mate antes de acabar la primera temporada. Pero HBO no es como la mayoría de las cadenas de televisión y, aunque Weiss y Benioff mantuvieron cientos, si es que no miles, de reuniones con sus jefes sobre cómo adaptar la serie, nunca se quejó nadie de que Ned Stark muriera tan pronto.

El personaje lo interpretó Sean Bean, que ya era una gran estrella gracias a su papel en las películas de *El Señor de los Anillos* y *Juegos de patriotas*, y como el villano que en 1995 se enfrentaba a Bond en *GoldenEye*. Pese a que su carrera se había forjado interpretando, sobre todo, a malvados, Bean alcanzó la fama como el inconformista fusilero de las guerras napoleónicas Richard Sharpe en *Sharpe*, una serie británica que tuvo mucho éxito. El descarado oficial les robó el corazón a las espectadoras y, al mismo tiempo, los espectadores quedaban impresionados por su temeridad; así que quién mejor para interpretar al noble lord en *Juego de Tronos*.

En 2009, Martin anunció en su blog: «Para los fans de las películas, Sean Bean no necesita ninguna presentación. Quiero decir que fue Boromir (en *El Señor de los Anillos*) y fue Sharpe, ¡nada menos!, y está magnífico en ambos papeles y en otros cien personajes más aparte de esos. No puedo imaginar un Ned mejor. El acuerdo no fue fácil de conseguir, así que ya llevo un mes con los dedos cruzados (¡y hay que ver lo que cuesta teclear así!), pero ahora sí, está hecho, y estoy muy contento.»

Refiriéndose al asunto de interpretar otro personaje de fantasía, Bean declaró a *Collider*: «Estar encasillado es bueno, ¿verdad? Supongo que es similar a *El Señor de los Anillos* en la dimensión, la calidad, la magia y el peligro. Da la casualidad de que me lo paso bien interpretando papeles en los que hay que montar a caballo, blandir la espada, combatir, llevar pelucas y dejarse crecer la barba, aunque no me gusta nada empezar el día así, cuando se tarda alrededor de tres horas en dejarte listo. Tengo afinidad con esa clase de papeles. Creo que lo bueno de *Juego de Tronos* es la amplitud que ofrece. *El Señor de los Anillos* eran tres películas: investigaron a fondo y el libro quedó muy bien reflejado en la pantalla. Pero, con lo que ha creado George, se trata de un mundo muy distinto. Va mucho más lejos y durante mucho más tiempo, y hay muchos más giros y complicaciones, pero decididamente me gusta este género.»

La primera vez que habló con David y Dan estaba encantado: «Leí el libro y lo encontré muy emocionante, muy peligroso, muy exuberante, muy electrizante y muy sexy. Es muy halagador que me escogieran para interpretar este papel.» La noticia de que le habían adjudicado el papel fue recibida con una aprobación casi universal. Él dijo: «La verdad es que no estoy familiarizado con los ordenadores, los blogs y todo ese tipo de cosas, pero he oído cosas fantásticas, así que debe de ser positivo. Parecen pensar que soy una buena elección para el papel y yo me siento satisfecho por ello.»

Sobre su muerte, Sean Bean opinaba: «Me parece que es heroica. No es que me liquiden sin más y nadie se dé cuenta. Se entera mucha gente; es una buena muerte. Lo cierto es que sube el listón, que ya era alto, de HBO muy arriba. Fue una decisión muy valiente encajar esa muerte para empezar, con una producción a tan gran escala, y en esa atrevida estructura narrativa. Es lo bueno que tiene Martin: está dispuesto a matar a los principales personajes. No tienes la impresión de que el bueno va a perdurar, como James Bond.»

No obstante, el actor admitió: «Es un personaje tan principal a lo largo de toda la acción que no acabas de entender qué está pasando. Claro que antes ya lo habían traicionado una y otra vez, pero no se te ocurre que se pueda llegar a eso. Incluso la cara que pone antes de que suceda es de decir: "pero habíamos hecho un trato". Es un final bastante horrendo y encima con sus hijos viéndolo. [...] Estábamos en Malta en el centro de una gran plaza; una *piazza* con cientos y cientos de personas encima de una gran plataforma elevada. Yo estoy pronunciando mi último discurso; tengo las manos atadas a la espalda. Más o menos digo que he traicionado al reino y he sido traidor para salvar a mis hijos. Es el tipo de gesto que te conmueve de verdad.»

NO RECOMENDADA PARA MENORES DE 18 AÑOS

Sabes que formas parte de la cultura popular cuando te han parodiado. Pues bien, en un famoso *sketch* de *Saturday Night Live*, se parodiaban las muchas escenas de desnudos de *Juego de Tronos*. El chiste central era que tenían a un adolescente como asesor para asegurar que hubiera suficientes *melones*.

No hay duda de que las quejas que ha habido por los desnudos de la serie tienen su razón de ser. No era una novedad en HBO, pero según afirmó un bloguero, los directivos de la cadena habían conseguido sorprender con las escenas de desnudos masculinos y femeninos. Myles McNutt acuñó el término «sexposición» para referirse a los detalles argumentales y el trasfondo de las escenas de ese cariz.

El crítico de *Times Magazine* James Poniewozik comentó: «Es algo más que sexo gratuito o desinhibido y escenas con desnudos en una serie; se trata de utilizar ese sexo para distraer al público o para dar algo que hacer a los personajes en escenas en las que se vierte mucha información o hay una gran monólogo. Yo no diría que *Juego de Tronos* sea la primera que lo ha hecho. Pienso en todas las escenas de *Los Soprano* en el Bada Bing, con las *strippers* bailando en la barra al tiempo que dos personajes discuten algún asunto del argumento, o en *Deadwood*, cuando Al Swearengen le suelta un largo monólogo a una prostituta que está haciéndole una felación.»

El historiador cinematográfico británico Matthew Sweet observó: «La desnudez en *Juego de Tronos* se remonta a algo todavía más antiguo; en las épocas clásicas la desnudez era permisible, intrascendente y cotidiana, y eso viene de la pintura del siglo XIX.» ¿Qué hay de nuevo, entonces, en la desnudez? Sweet continuaba: «Lo que puede ser diferente aquí es que en otras series no parecía tan necesario recurrir a mostrarla. En los años setenta, cuando los productores [cinematográficos] tenían que ser muy conscientes de que le daban a su público el tipo de cosas que no podían ver en televisión, le decían al guionista: "Necesitamos desnudos y un asesinato antes siquiera de los títulos de crédito." Las reglas de la escritura de guiones lo dejaban clarísimo. Se podría pensar que HBO escapa a esas normas, pero no es así: es su forma de aportar algo que el espectador no va a encontrar en la televisión en abierto. Es televisión de primera calidad, pero te hace sentir el mismo cosquilleo que te recorría al ver las películas atrevidas de la década de 1970.»

Una de las muchas veces que le preguntaron a Benioff sobre los desnudos, él contestó bromeando: «Abordaremos esta cuestión con una escena de burdel de veinte minutos y una docena de prostitutas, Mord el Carcelero, un asno y un panal bien grande.» Weiss añadió: «Siempre habrá quienes quieran ver menos sexo y quienes quieran ver más, y quienes quieran ver sexo en una gran bañera llena de pudín. No se puede contentar a todo el mundo. Este año vamos a concentrarnos en la gente del pudín. No lo controlamos. Hay que limitarse a hacer lo que hay que hacer sin preocuparse demasiado por ello. [No] vamos contando cuántos pechos o cuántos completos masculinos frontales hay en cada episodio. Siempre va a haber quienes piensen que son demasiados. Habrá quien no quiera ver tantos. Una de las ventajas que tenemos en HBO es que podemos ofrecer una representación más real de la vida, y dejar claro que el sexo es parte de ella y la oscuridad es parte de ella, como lo es el sentido del humor.»

Según Benioff y Weiss, el personaje de Ros —interpretada por Esmé Bianco— se creó como un mero recurso argumental, porque les permitía conectar las muchas escenas que suceden en burdeles o con prostitutas en un solo personaje.

La actriz dijo: «El hecho de que ella sea una circunstancia común entre todas esas personas, algo de lo que, me parece, ninguna de ellas es consciente, tiene sus ventajas. Cuando ella está presente, la gente baja la guardia y eso va a ser interesante. Más allá del recurso argumental hay una persona. Ros es bastante lanzada, eso está claro. Sabe hasta dónde puede llegar, pero también sabe cuál es el punto en el que la sociedad no va a aceptarla jamás. Los problemas a los que se enfrenta no son tan diferentes de los que afrontan las mujeres de hoy, solo que ahora esperas que no se vean obligadas a golpear a su compañera de trabajo con un cetro rematado por una cabeza de ciervo.»

Bianco es una famosa bailarina de burlesque, pero insiste en que no quiere ser conocida como *esa chica desnuda*. «Casi nadie opta por la cosificación. Yo elegí dedicarme al burlesque, pero no elegí que me cosificaran. Estoy entreteniendo a la gente y la gente puede elegir verme como un objeto porque estoy desnuda, pero yo no me veo así a mí misma; tengo el poder. Cuando hay una mujer desnuda en pantalla, todo el mundo opina sobre ello. He estado allí [en Los Ángeles] desde que se empezó a emitir *Juego de Tronos* y sé lo distinta que ha sido la reacción en Europa, donde la gente es mucho más tolerante con los desnudos en pantalla. La gente [de aquí] ve un par de pechos y se olvidan de que se está contando una historia.»

No todas las actrices estaban dispuestas a desnudarse y alguna llegó a rechazar un papel por las escenas en las que tenía que aparecer desnuda. La modelo y actriz irlandesa Lisa Nolan, seleccionada para la segunda temporada, dijo: «La escena parecía de porno blando. Yo pensaba que no era una escena de sexo y me dijeron que me darían parches de piel para [tapar] los pechos; pero cuando llegué a grabar, querían que estuviera en *topless* y en la escena tenía que desnudarme. Así que me retiré en el último momento.»

Emilia Clarke también ha comentado este asunto en relación con el papel de Daenerys: «Cuando fui a la primera prueba, me dijeron que quizás hubiera un poquito de desnudez (una pizca de nada). El guion definitivo me llegó durante unas vacaciones familiares y al verlo me quedé absolutamente helada. Yo había leído los libros y me encantaba Daenerys. Sabía lo que tenía que hacer para transmitir la integridad del personaje y lo que el público necesitaba ver para tener empatía con Dany y sentirse orgulloso de ella; y como actriz, lo que hice fue esforzarme todo lo que pude para conseguirlo. La cadena HBO estaba allí para apoyarme, ¡son magníficos! Un gusto realmente exquisito: depositas tu confianza en ellos y no te decepcionan. Además, Jason Momoa es una auténtica leyenda y la verdad es que en el fondo resultó bastante fácil.»

Peter Dinklage no tuvo ningún problema en grabar escenas de sexo: «Esas escenas son divertidas. Se meten muchísimo con nosotros por ellas, pero ¿qué tienen de malo? Me parece muy triste que la gente se ponga hecha una furia por unos pechos, pero no por cortarle la cabeza a una persona.»

Martin, el autor, ha explicado: «Recibo constantemente cartas sobre el asunto. Esa clase de pacatería es exclusiva de nuestro país. Puedes escribir la descripción más vívida y detallada imaginable de un hacha entrando en un cráneo y nadie dirá una sola palabra de protesta. Pero si escribes una descripción similarmente detallada de un pene entrando en una vagina, te llegan cartas de gente diciendo que nunca volverán a leerte. ¡Es de traca! Que entren los penes en las vaginas le proporciona mucha más alegría al mundo que el que las hachas entren en los cráneos.»

PETER DINKLAGE

Peter Dinklage es el único actor que tiene entrada propia en este libro, ya que, como sabrá cualquiera que haya visto su interpretación del pícaro Tyrion, si alguien merece una atención especial, ese es Dinklage.

Cuando se anunció el rodaje de la serie, una de las primeras preguntas que se formularon fue quién interpretaría a Tyrion el Gnomo. En realidad era una pregunta sobre la que los responsables de la serie y Martin habían reflexionado poco. Dinklage era su única propuesta para interpretar al muy querido enano.

Benioff aseguraba: «Cuando leí los libros de George, decidí que Tyrion Lannister era uno de los grandes personajes de la literatura. De toda la literatura, no solo la fantástica. Brillante, cáustico, lujurioso, borrachín e injusto consigo mismo, Tyrion es la confusión hecha hombre. Y solo una persona podía interpretarlo.»

Había ciertas similitudes entre el personaje y el actor. Obviamente, ambos eran más o menos de la misma estatura (aunque Martin puntualizó que Dinklage casi era demasiado alto y guapo para el personaje tal como es descrito en sus libros), pero también tenían la misma actitud. Dinklage declaró en *Rolling Stone*: «Cuando la gente te recuerda tanto quién eres —no por otros motivos, sino por mi tamaño, constantemente, cuando era joven—, o te acurrucas en un rincón o lo luces con orgullo, como si fuera una armadura. Puedes darle la vuelta y usarlo a tu favor antes de que nadie más tenga ocasión de hacerlo.»

Nació con acondroplasia en 1969 en Nueva Jersey. Su madre era profesora de música, y su padre, vendedor de seguros. En su casa no andaban pensando en que él era enano («me habría dado cuenta»), así que no ponían las cosas en los estantes bajos para ayudarlo. Si quería algo tenía que encontrar la manera de llegar hasta ello.

Inspirado por los álbumes de The Who, organizaba junto con su hermano mayor espectáculos rock de marionetas para personas mayores en el sótano de sus padres. También interpretaba la canción *Send in the Clowns*: «Me ponía una peluca, pero no me vestía de payaso; desde muy pequeño me di cuenta de que no tenía que humillarme a mí mismo —reveló a la revista *Rolling Stone*—. Iba en un triciclo y cantábamos la canción entera, y mi parte del espectáculo era que me caía del triciclo enfrente de aquellas personas mayores sentadas allí. Ahora que pienso en ello es una imagen muy triste, un crío de seis años cayéndose mientras va en triciclo. Pero si le preguntas a cualquier actor, todos tienen historias parecidas, todos recurren a ese tipo de cosas. No sé si Robert de Niro montaba espectáculos de marionetas en el sótano de su casa, pero seguro que hacía algo de ese estilo.»

Al hacerse mayor, Dinklage empezó a ser más retraído, se vestía de negro y no paraba de fumar: «Cuando era más joven, dejé que me afectará. De adolescente, estaba furioso y amargado, y levanté muros por todas partes. Pero a medida que te vas haciendo mayor, comprendes que lo único que necesitas es sentido del humor. Sabes que el problema no es tuyo. Es de los demás.»

No obstante, la interpretación fue convirtiéndose en una válvula de escape. Eso tiene que agradecérselo a un profesor que le hizo mostrar su talento en una obra de teatro irlandesa llamada *Sharons's Grave*. Así lo explica Dinklage: «Era la primera vez que interpretaba un papel escrito para alguien de mi estatura. Se trataba de un pobre desgraciado que su hermano mayor y retrasado llevaba a todas partes sobre la espalda; una relación al estilo de la que ves en *De ratones y hombres*. Fue como, "¡ah, caray, ahí fuera hay otras cosas además de las operetas de Gilbert y Sullivan. Existen todos esos papeles". Pero aún tardé en rehuir los papeles reservados a gente de mi altura.»

Estudió arte dramático en Bennington College, un período que describe así: «Fumaba demasiada hierba, me acostaba demasiado tarde, actué en un montón de obras, escuchaba muchísimo a Pixies y Dinosaur Jr». En 1995, debutó en el cine con la película *Vivir rodando,* donde interpretaba a un actor frustrado harto de los papeles de enano estereotipados que consigue. Pero, pese a su interpretación, seguía sin encontrar un agente: «Lo que pasaba era que yo no era el tipo de actor que los agentes buscaran, nada más. Era demasiado particular. No tenían la imaginación que hubiera hecho falta para mandarme a audiciones para papeles que no estaban escritos para un enano. Solo veían anuncios para la temporada navideña; y si yo no quería hacer ese tipo de cosas, ¿qué ganancias les iba a reportar?»

En 2003 Dinklage pasó a primer plano de la actualidad con su papel en la galardonada *Vías cruzadas*, dirigida por Thomas McCarthy, que dirigió el piloto original de *Juego de Tronos*. Aquel papel le abrió un camino que acabaría llevándolo a aparecer en las versiones británica y americana de *Un funeral de muerte*, así como en *Elf* y *Las crónicas de Narnia: El príncipe Caspian*, un papel en una historia de fantasía contrario a sus criterios habituales a la hora de elegir.

Dinklage imaginó lo que habría pensado de él su yo adolescente viéndolo con zapatos puntiagudos y una barba postiza para otra película basada en las crónicas de Narnia, *El león, la bruja y el armario*: «Me hubiera montado un buen pollo, desde luego. Pero a la mierda con él. "Otra cena de hamburguesa con queso, así que disfrútala. Mira debajo del horno: sí, sí, eso es una rata. Yo voy en primera clase, tío; luego nos vemos", eso es lo que le diría a aquel esnob.»

No obstante, Dinklage siempre intentó evitar los papeles de fantasía, por lo estereotipado de sus connotaciones: «Me pregunto por qué los libros de fantasía, sobre todo los que han sido escritos para niños, están fascinados por la idea de que las personas de mi estatura son criaturas fantásticas. Cuando era joven, mi reacción a eso siempre era "No me digas". Quizá Tolkien, o quienquiera que haya escrito el libro, nunca ha conocido a una persona como yo. Y si lo hubieran hecho, si hubieran acabado haciéndose amigos de un enano, quizá no lo habrían escrito de esa manera.» Sin embargo, observa, hay una inmensa diferencia entre otras historias de fantasía y *Juego de Tronos*. Así lo contaba a la revista *Rolling Stone*: «Eso fue lo que me gustó de esta serie: mi personaje tiene apetito sexual; eso no lo ves en ninguna de esas criaturas de Narnia.»

Dinklage ha triunfado en la pequeña pantalla, donde se le ha visto en series como *A golpe de bisturí, 20 Rockefeller Plaza* y *El séquito*. En 2005, se casó con la directora teatral Erica Schmidt y en 2011 nació su hija. Luego se fue de Manhattan a vivir a un área rural de Nueva York para sortear la atención de los fans: «No puedo pasar desapercibido.» Su esposa era de la misma opinión: «Incluso si no lo reconocen, piensan que es Wee Man, de la serie *Jackass*, o que es el tipo de *Escondidos en Brujas.*»

Lena Headey dijo de Dinklage, con el que ha trabajado en dos ocasiones, el año 2006 en un piloto que no funcionó y en *Juego de Tronos*: «Realmente es quien es, sin más. Pura seguridad en sí mismo.»

PILOTO ORIGINAL

Cuando se anunció el reparto, enseguida quedó claro, con solo echar un rápido vistazo a los numerosos foros, tablones de anuncios y secciones de comentarios relacionados con la saga, lo emocionados —aunque algo perplejos— que estaban los fans. Uno de ellos escribió: «Esto está sucediendo realmente, ¿verdad?», y ese comentario se hacía eco del sentimiento que corría por Internet.

En octubre de 2009 había sucedido lo que nadie podía imaginar: la novela que no se podía poner en imágenes se estaba poniendo en imágenes. A lo largo de casi un mes, se grabó el piloto en Irlanda del Norte, Escocia y Marruecos.

Cuando a una cadena de televisión le interesa una serie, por lo general, encarga un episodio piloto para tener claro qué va a recibir, ya que un guion escrito y unos productores entusiastas solo pueden transmitir parte de las ideas; hasta que los responsables de la cadena no lo vean con sus propios ojos, siempre ojos escépticos y manos tensas alrededor del presupuesto. Es decir que no es habitual que se encargue una serie sin que antes se haya visto un piloto; incluso es poco probable que si se llega a hacer la serie, ese piloto que ven los ejecutivos sea un capítulo que llegue a los telespectadores.

Los ejecutivos toman notas y apuntan peticiones, y suele haber cambios. Puede que cambien a un actor, ya sea porque no acaba de funcionar o, como es habitual, porque sus planes de trabajo lo hacen imposible. Hacer hueco en la agenda para un mes es una cosa, pero, como puede que haga falta hasta un año para que los ejecutivos terminen poniéndose de acuerdo sobre si una serie va a ponerse en marcha, es injusto afearle a un actor que acepte otro trabajo mientras espera a que la serie tenga luz verde. Y eso, ni más ni menos, es lo que sucedió con *Juego de Tronos*.

El piloto original fue dirigido por el actor de *The Wire* Thomas McCarthy, que había impresionado con su película independiente *Vías cruzadas*, protagonizada por Peter Dinklage. Weiss y Benioff estuvieron encantados de conseguir que trabajara en el piloto, pero cuando quisieron volver a grabarlo, McCarthy estaba comprometido con la producción independiente *Ganamos todos* y fue sustituido por Tim Van Patten. Así lo explicaba él en *AVCLUB.com*: «Me encargué de una buena parte del *casting* y pienso que hice un trabajo bastante bueno, pero desde que me fui han tenido que repensar y volver a grabar una parte tan grande que, como estoy con *Ganamos todos*, no he podido participar en el proceso. Acabé aquello antes de Acción de Gracias y durante las fiestas pasé a *Ganamos todos*, así que tuve una semana o dos de tiempo muerto. Entregué un copión inicial; tuvieron que modificar el reparto y creo que volvieron a pensárselo. El asunto es que es un libro enorme, y volvieron a plantearse cómo adentrarse en él y cómo organizarlo todo. Tuvieron que cambiar algunas localizaciones y estuvieron trabajando en eso hasta bastante después de que me fuera. Me gustaría pensar que de alguna manera influí en la serie, pero no creo que siga habiendo mucho de mí en ella.»

Benioff habló acerca de McCarthy en *bullz.eye. com* mientras estaba haciendo el piloto original: «Bueno, Tom es muy inteligente, para empezar, así que hablar del proyecto con él hizo que nos interesáramos por cómo lo veía él, y me encantaban sus películas. Creo que a los dos nos encantaban sus películas y la forma en que trabaja con los actores. Nos dábamos cuenta de que una opción era hacerse con un director a quien se conociera por hacer cosas muy espectaculares y con grandes efectos especiales, pero para nosotros lo que definía el proyecto era que no íbamos a tratar de competir con Peter Jackson y *El Señor de los Anillos*. Eso nos resultaría completamente imposible. Sin embargo, lo que sí podíamos hacer era dedicarles mucho tiempo a los personajes —unos personajes maravillosos— y llegar a conocerlos de verdad, profundizar al máximo en ellos y meternos en ellos hasta extremos increíbles.»

Tanto a Benioff como a Weiss les parecía que Tom sabía hacer eso mejor que la mayoría de los directores. Benioff seguía así: «Pienso en el último par de películas, en el personaje de Peter Dinklage, por ejemplo, en *Vías cruzadas*. Yo hubiese querido dedicarle más tiempo a aquel personaje y me supo mal acabar la película. Tenía la sensación de que Tom podía aportar precisamente esa clase de dirección a los actores y hacer que empezaran ese viaje. Lo que resultó muy instructivo para nosotros fue ver cómo gestionaba el proceso de *casting* y darnos cuenta de que él, en tanto que actor, ha debido de pasar por ello, supongo que docenas o incluso centenares de veces, y eso le proporcionaba una cierta empatía para con la persona que ha ido a hacer la prueba. Porque el *casting* puede llegar a ser, imagino yo, una experiencia muy incómoda para un actor, pero Tom hacía que la gente se sintiera como en su casa, y cuando entraban en esa sala, daba igual que fueran grandes o que no lo fueran tanto, el caso era que nadie salía de allí sintiéndose mal. Eso está la mar de bien.»

Algunas de las escenas que dirigió están en el piloto difundido, y, como había ayudado el *casting*, McCarthy aparece en los créditos como asesor de producción. Él dijo: «El tío [Van Patten] que se encargó del segundo episodio, cuando estaban volviendo a rodar todo aquello, se hizo cargo del primero. Yo no podía hacerlo; no sentía que aquello tuviera nada que ver conmigo. No había mucho que pensar; parecía lo que había que hacer. Era más bien como si, en cuanto a lo que se ve en la pantalla, hubiera mucho más de él que de mí y creo que si hablaras con ellos, dirían que yo ayudé en una gran parte del proceso, pero la verdad es que no siento que el resultado final me pertenezca. En realidad la televisión no es el medio apropiado para un director. Pienso que hay algunos directores de televisión verdaderamente buenos, pero es un medio que pertenece al guionista y al estudio. Aprendí mucho de aquello, pero no creo que fuera corriendo a hacerlo de nuevo.»

Del mismo modo, fueron varias las actrices que interpretaron los papeles de Catelyn Stark y Daenerys Targaryen en el piloto original. Al principio el breve papel de Waymar Royce lo interpretó la estrella de *Harry Potter* Jamie Campbell Bower. Roger Allam hizo de Illyrio Mopatis en la serie, pero Ian McNeice lo interpretó en el piloto; y Dermot Keaney sustituyó a Richard Ridings en el papel de Gared.

A Roy Dotrice lo eligieron para el Gran Maestre Pycelle, pero su escena se eliminó del piloto. Sin embargo, los productores querían tenerlo, pero el actor se puso enfermo y fue sustituido por Julian Glover, que aparece en *Star Wars: Episodio V* y en *Indiana Jones y la última cruzada*.

En este piloto, el castillo escocés de Doune se utilizó para que pasara por Invernalia, mientras que las escenas de Daenerys y los dothraki se grabaron en Marruecos, en vez de en Malta, que fue el lugar elegido luego para la serie.

El autor literario, George R. R. Martin, hizo un cameo en la boda de Daenerys, pero se cortó la escena. Sobre eso, el propio Martin dijo: «Quedó, es triste decirlo, olvidada en el suelo de la sala de montaje. Era durante la boda de Daenerys y yo era un noble pentoshi que estaba al fondo de todo, con un sombrero gigantesco.» Antes Martin había desdeñado la idea de aparecer en la serie, tal como le contó a *Empire*: «También había pensado en ser una cabeza clavada en una estaca, y en cierto momento David y Dan iban a poner mi cabeza cortada en una estaca, pero después se enteraron de lo que costaría eso. ¡Esas cabezas son caras y nuestro presupuesto es ajustado! Así que a menos que la suministre yo mismo, nunca podré ser una cabeza cortada. Pero un fan mío que hace ese tipo de cosas me ha ofrecido la oportunidad de fabricar una la próxima vez que vaya a Los Ángeles. ¿Cómo podía resistirme? Podría tener mi propia cabeza cortada y llevarla a todas partes dentro de una bolsa para jugar a los bolos.»

Otras escenas del piloto original que sí llegaron a la serie emitida finalmente fueron la conversación entre el rey Robert y Stark en las criptas de Invernalia, y aquella que Ned y su hermano mantienen sobre el guardia muerto.

El jefe de programación de HBO, Michael Lombardo, quedó encantado cuando vio el primer metraje, al que calificó de fantástico. Dijo que los ejecutivos estaban en ascuas esperando a ver el primer copión y que: «El director ha conseguido grandes interpretaciones. A diferencia de muchos proyectos similares, todo se ha rodado en exteriores. Tiene una textura tan rica que parece más caro de lo que en realidad ha sido. Y la fantasía aparece como de pasada; todo tiene un tono muy adulto. Cuando estás viéndolo, olvidas que es fantasía; eso es lo que me encanta de esta serie. Me sorprendería que no [saliera adelante]. Lo tiene todo a favor.»

Benioff le contó a *Collider:* «Para nosotros fue una buena experiencia, en el sentido de que tuvimos que desandar lo andado y rehacer gran parte del piloto; así aprendimos de algunos de los errores que habíamos cometido la primera vez, algunos de los cuales eran de guion. Leyendo los libros, das por hechas ciertas cosas; piensas que ciertas relaciones están claras. Les enseñábamos el piloto original a amigos nuestros, personas muy inteligentes que prestan mucha atención a lo que ven, y llegaban al final del episodio y no tenían ni idea de que Cersei Lannister y Jaime Lannister eran hermano y hermana, porque eso no aparecía hasta la última escena de la serie. Así que lo que hicimos fue dejar más claras algunas de las relaciones. También habíamos rodado las escenas de la boda dothraki en Marruecos, lo cual tenía cierto sentido, tanto desde el punto de vista práctico como por el presupuesto. Allí había grandes decorados que podíamos usar; se habían construido para *El reino de los cielos* de Ridley Scott. Pero al final Malta acabó teniendo mucho más sentido a la hora de acoger unos exteriores del que había tenido Marruecos en su momento. Y hubo un par de alteraciones en el reparto, que exigieron volver a filmar todas las escenas que ya se habían grabado.»

Hablando con *AVCLUB.com*, McCarthy añadió: «Me parece que en las grandes series, *The Wire, Los Soprano, A dos metros bajo tierra*, estaba muy claro a quién pertenecía la serie; en las personas que hicieron todas esas series siempre había una visión singular. Creo que esta serie puede llegar allí pero a mí me resultó bastante duro no estar tan involucrado. Acabé el piloto y me fui, y yo nunca he obrado así con nada. Soy perfeccionista y me gusta estar metido a fondo. Muchas de las personas con las que trabajé me caían muy bien y algunas tenían talento de verdad. Pero la sensación general que me quedó era que me habían encargado un trabajo.»

PREMIOS

Como le corresponde a una serie que ha sido alabada por la crítica y por el público, *Juego de Tronos* se ha visto generosamente recompensada con prestigiosos premios. Los más notables en los años 2011 y 2012 son los siguientes:

- Recibió el premio AFI TV al programa del año en Estados Unidos.
- Nina Gold fue nominada para el premio al mejor *casting* de los Artios y para el de mejor *casting* de serie dramática en los Emmy.
- La serie tuvo siete nominaciones en los Emmy de 2011, entre ellas el de dirección para Tim Van Patten. Peter Dinklage obtuvo el premio al mejor actor de reparto de serie dramática.
- Dinklage también ganó el premio al mejor secundario de series, miniseries o telefilm en los Globos de Oro. Asimismo lo galardonaron en los premios Satellite y en los Scream en 2011.
- Sean Bean y Lena Headey estuvieron nominados en los premios Scream, en los que *Juego de Tronos* ganó el galardón de mejor serie de televisión.
- En 2012 obtuvo el de mejor serie de televisión en los premios *Kerrang!* y el de programa del año en los Premios de la Asociación de Críticos de Televisión, en los que, además, estaba nominado con Peter Dinklage.

- La serie recibió muchas nominaciones en los Emmy de 2012, entre ellas las de mejor serie dramática, mejor reparto en una serie dramática, mejor vestuario en una serie dramática, mejor maquillaje protésico en una serie, mejores efectos especiales visuales y mejor actor secundario de serie dramática (Peter Dinklage).

QARTH

La antigua ciudad portuaria de Qarth está ubicada en el continente de Essos y destaca por su opulencia, representada en una arquitectura impresionante y un mobiliario de lo más suntuoso. Es una ciudad llena de comerciantes en especias y hombres de negocios.

En ella busca refugio Daenerys junto con su cada vez más reducido grupo de seguidores. También es hogar de brujos, a los que se conoce como los Eternos de Qarth. A pesar de lo temible de su reputación, su poder ha disminuido con el paso de los años, pero eso cambia con la llegada de Daenerys y sus dragones. Los brujos sienten que sus poderes se vuelven más fuertes y eso los lleva a capturar tanto a las criaturas como a Daenerys para llevarlos a la Casa de los Eternos, también conocida como Palacio de Polvo.

Son pocos los que salen de allí, pero Daenerys consigue rescatar a sus dragones, tras matar a todos los Eternos. La ciudad también es célebre por los asesinos conocidos como Hombres Pesarosos, porque al matar a alguien murmuran educadamente: «Lo siento.»

REBELIÓN GREYJOY

Nueve años antes del inicio de los acontecimientos de *Juego de Tronos* y seis después de la victoria de la Rebelión de Robert, se produjo un levantamiento, acaudillado por Balon Greyjoy, que tenía por objetivo que las Islas del Hierro se independizaran de los Siete Reinos.

Greyjoy no acababa de fiarse del rey Robert; creía que carecía del apoyo suficiente y se preparó para la guerra contra el Trono de Hierro. Empezó con un ataque sorpresa en Lannisport, donde quemó la flota de los Lannister que estaba anclada allí, y después lanzó una serie de pequeñas incursiones sobre las costas cercanas. El contraataque de Robert fue rápido y potente. Supervisado por su hermano Stannis, su ejército y sus recursos superaban en número a los de Greyjoy y fueron un notable obstáculo para la rebelión; consiguió destruir la Flota de Hierro cerca de Isla Bella.

Robert y Lord Eddard Stark se enfrentaron en combate en Pyke, la principal batalla de la Rebelión Greyjoy. Jorah Mormont también participó y vio recompensada su bravura con el nombramiento de caballero. Otros combatientes fueron Jaime Lannister y Thoros de Myr, cuya imagen al frente del ataque blandiendo una espada envuelta en fuego es inolvidable. La batalla fue larga y encarnizada. Al final el rey tomó el castillo y Balon Greyjoy se vio obligado a jurar lealtad al Trono de Hierro. Su único hijo superviviente, Theon, fue confiado a los cuidados de Ned Stark para asegurar que no volviera a haber una rebelión.

Theon Greyjoy, interpretado por Alfie Allen, es un personaje complicado. Pese a que Ned lo ha criado con bondad y lo ha tratado con respeto, sigue siendo un rehén y se siente desgarrado entre su nueva familia y la antigua, que lo abandonó. Sobre su personaje dijo en la revista *GQ*: «Creo que a la gente no le caerá tan bien como otros personajes de la serie, pero eso carece de importancia porque si consigo despertar algo de simpatía por él y que se entienda por qué hace todas esas cosas horribles, habré conseguido lo que me proponía. Eso es lo que siempre he querido lograr, que la gente sienta pena por él y entienda sus motivos.»

Asimismo describió las diferencias entre el personaje literario y el de la serie de televisión: «En el libro parece como si Theon estuviera decidido a traicionar a Robb desde el primer momento. Nuestra aproximación al personaje en la serie es distinta porque mostramos todas las decisiones que lo han empujado en esa dirección, que se deben a la humillación y el rechazo que le inflige su familia. Está obsesionado con conseguir la aprobación de su padre y creo que en cuanto se da cuenta de que es una causa perdida, intenta demostrarse a sí mismo que puede quedarse Invernalia, que puede retener todo ese poder y esa autoridad, pero en realidad lo que está haciendo es gobernar mediante el miedo. No es la primera vez que alguien ha recurrido a esa arma. Eso es una de las cosas que definen a Theon como personaje: que para ser respetado se ve obligado a no respetar a otras personas.

»Tiene amor. Lo lleva en el corazón, pero eso significa que quiere ser amado y, en realidad, nunca lo ha conseguido. Seguro que Ned Stark le pasó el brazo por los hombros en algún momento, pero nunca llegó a enseñarle lo que está bien y lo que está mal, y no ha tenido otro modelo en la vida. Ahí es donde el conflicto aparece en su mente; su tortura mental proviene de que nadie le enseña a distinguir entre el bien y el mal. Theon está suplicando que alguien le diga qué debe hacer y ese alguien nunca aparece; por eso toma tantas decisiones temerarias. Si vas a contar una mentira, cuenta una que sea bien grande, ¿sabes lo que quiero decir?»

REY LOCO

Aunque la última parte de su reinado le granjeó el apodo de Rey Loco, o Aerys el Loco, era Aerys II Targaryen, el decimoséptimo y último miembro de la dinastía Targaryen que se sentó en el Trono de Hierro.

En la primera parte de su reinado hubo grandes promesas, ya que se incorporaron cambios radicales dentro de la corte en Desembarco del Rey. Aerys sentía que se la había llenado de viejos envarados y él necesitaba más juventud y vigor, por lo que nombró al joven e implacable Lord Tywin Lannister como Mano del Rey.

Fue un reinado apacible durante doce años, pero todo empezó a torcerse cuando llegaron a oídos del rey rumores de que Tywin había alardeado de que en realidad el rey era él. Aerys empezó a distanciarse de su Mano y a resolver los problemas por sí mismo; incluso rechazó la propuesta de Tywin de que su hija Cersei se casase con el hijo de Aerys, Rhaegar.

Un lord rebelde secuestró a Aerys y lo mantuvo prisionero durante varios meses. Cuando quedó libre nunca volvió a ser el mismo; y su paranoia y su demencia empezaron a crecer. Empezó a desconfiar de Tywin, de Rhaegar y de su esposa, y nombró consejero de los rumores a Lord Varys, de cuyo talento había oído hablar. También desarrolló una inmensa obsesión por el inflamable fuego valyrio, del que almacenó una gran cantidad, que enterró bajo la ciudad con el plan de destruir Desembarco del Rey si veía que su reinado iba a llegar a su fin.

Aerys estaba convirtiéndose en un rey duro y cruel que repartía castigos vengativos a mansalva, entre ellos el de quemar vivo al padre de Ned Stark. Diseñó un artilugio que haría que Brandon, el hermano de Ned, fuera estrangulado cuanto más se debatiera e intentara liberar a su padre.

Esa cadena de acontecimientos provocó la rebelión del rey Robert, que acabaría derrocando al Rey Loco. Al ver que se le acababa el tiempo, Aerys intentó llevar a la práctica su plan de destruir la ciudad, pero Jaime Lannister lo mató antes de que pudiera hacerlo. Según Jaime, el Rey Loco pensaba que quizá sobreviviría al fuego y volvería bajo la forma de un dragón.

RHAEGAR

Se considera que hubiera sido un buen rey y es la figura central de la rebelión contra su padre, Aerys II. Al triunfar dicha rebelión se le arrebató el Trono de Hierro a la dinastía Targaryen.

Persona inteligente, aunque un poco retraída, todos aquellos que lo conocen lo aprecian, entre ellos Ned Stark, lo que resulta sorprendente. Es diestro en el combate, pero también tiene fama su talento musical: canta tristes canciones con el arpa, que suelen conmover a las mujeres.

Cersei estaba muy impresionada por Rhaegar y su padre intentó casarla con él, pero Aerys, el Rey Loco, no lo permitió. Se casó con Elia Martell y tienen dos hijos. No obstante, en el torneo en Harrenhal acaba con todos los que se atreven a enfrentarse con él y cuando coge la guirnalda de rosas de invierno para la Reina del Amor y la Belleza, se la da a Lyanna Stark en lugar de a su esposa.

Se cree que Rhaegar secuestró a Lyanna, hermana de Ned y prometida, a la sazón, con Robert Baratheon, por razones desconocidas, y eso desencadenó la Rebelión de Robert. Rhaegar y Robert libraron un combate épico en la batalla del Tridente. En ella, un Robert herido acabó abatiendo a Rhaegar con su martillo. Para muchas personas hubiera sido un gran rey y les resulta incomprensible que diera al traste con esa posibilidad al secuestrar a Lyanna. Hay quien piensa que estaban enamorados y que de su relación nació un hijo: Jon Nieve. Como el odio de Robert hacia Rhaegar hubiera puesto en peligro al niño, Ned Stark hizo como si fuera su hijo bastardo.

SANSA STARK

Es la hija mayor de Catelyn y Eddard Stark. Su camino desde joven impresionable a mujer cínica y endurecida es uno de los puntos fuertes de la serie.

Halagada por la perspectiva de casarse con el apuesto príncipe Joffrey, va a Desembarco del Rey con su padre y su hermana pequeña Arya. Durante el viaje ve el otro lado de su futuro esposo y se da cuenta de su veta cruel y maligna; presencia cómo se burla del hijo del carnicero que viaja con ellos y también que intenta hacerle daño a Arya antes de ser atacado por el lobo huargo de ella. Obligada a darles su versión del incidente a su padre y a la familia de Joffrey, Sansa dice que no sabe nada porque no vio nada.

Al enterarse de la supuesta traición al trono cometida por su padre y verse obligada a denunciarlo públicamente como traidor, ruega clemencia. Al principio parece que Joffrey se la concede, pero la confesión que de mala gana hace Ned para garantizar la seguridad de sus hijas termina siendo rechazada por el joven rey, quien, para el horror de Sansa, ordena que decapiten a Ned.

Tras la muerte de su padre, Joffrey la llama a su presencia y le enseña con regocijo la cabeza cortada de Ned para, así, ejercer más control sobre ella. Sansa mantiene la compostura, ya que no quiere que él la vea fuera de sí. Durante toda la segunda temporada vemos esa fortaleza interior, que hace que Sansa se esfuerce desesperadamente en mantener en secreto cualquier sentimiento de odio y venganza; los oculta en lo más profundo de su ser para no suscitar sospechas ante los ojos y los oídos que acechan en Desembarco del Rey.

Joffrey la castiga, la ataca y la veja en público, sobre todo cada vez que llegan noticias de otra batalla ganada por su hermano Robb, quien encabeza una rebelión del Norte contra el Reino. Pero Tyrion Lannister, al que acaban de nombrar Mano del Rey, le tiene mucho aprecio a la joven Sansa y pide que se ponga fin a la brutalidad con que la tratan.

Después de la batalla de Aguasnegras, Sansa queda liberada de su compromiso matrimonial con Joffrey, que se casará con Margaery Tyrell.

SPOILER

Sansa es obligada a casarse con Tyrion, como parte de un plan urdido por Tywin para asegurarse de que la mantiene prisionera en Desembarco del

Rey. La pareja se casa y ella, muy compungida por la unión, le agradece que no la obligue a acostarse con él en la noche de bodas. Cuando el rey Joffrey es asesinado, la rescata Meñique, que le cuenta que él ha sido el asesino. Huye con él y se hace pasar por su hija.

El personaje de Sansa Stark lo interpreta Sophie Turner. Nacida el 21 de febrero de 1996 en Northampton, nunca había actuado en pantalla hasta que le dieron el papel de Sansa en la serie de fantasía de HBO. No obstante, ella siempre había sabido que quería ser actriz; de hecho, con solo tres años entró en el grupo de teatro local Playbox en Warwick. Así lo contaba en *winterisco-ming.net*: «Siempre estaba organizando funciones de teatro con mis amistades, sobre todo con mi gran amiga Ellie Johnson, pero ella no tardó en cansarse. Siempre fui la más alocada, la más alborotadora de todos mis amigos y solía canalizar aquella energía disfrazándome y montando funciones. Ha sido una parte importante de mi vida y sin la interpretación estaría perdida.»

Cuando tenía trece años una profesora de arte dramático la apuntó en una audición para el papel de Sansa. La profesora no esperaba que aquello llevara a nada; solo quería que su joven alumna viviera la experiencia de pasar por una audición y conociera gente. Así que Sophie se presentó a la audición.

Una de las pruebas era la escena en la que le enseñan la cabeza cortada de su padre. Recordando la audición, Turner decía: «Si quería prepararme para una escena tan conmovedora e impresionante como aquella, tenía que salir de mí y apartarme (si es que eso tiene sentido) y ser Sansa, no Sophie Turner interpretando a Sansa, tenía que ser ella. Con eso quiero decir que en lugar de ser Sophie viendo las cabezas falsas, era Sansa la que estaba viendo cabezas reales y de esa manera todo se convirtió en realidad para mí. Cuando leía el guion de esa escena me echaba a llorar, porque era una escena tan horripilante y perturbadora que me afectaba de verdad.»

Turner no cesaba de impresionar a los productores y a George R. R. Martin, así que al final le hicieron una prueba de pantalla con Maisie Williams, que iba a interpretar a su hermana Arya. Enseguida congeniaron e hicieron una prueba que selló su unión en la serie.

Sophie dice: «Estoy convencida de que nos mejoramos la interpretación la una a la otra, porque Maisie era y sigue siendo tan buena en lo que hace que no pude evitar alimentarme de esa energía de insufrible hermana pequeña que ella le aporta a su personaje. Creo que ella también se alimentaba de la energía de insufrible hermana mayor que yo emitía, así que todo cuadraba. Había una química tremenda entre las dos; y yo no la había tenido al hacer la prueba con otras Aryas. Nada más entrar allí y ver a Maisie choqué los cinco con ella, le pregunté cómo se llamaba y conectamos, sin más. Después de cada toma chocábamos los cinco y nos dábamos un gran abrazo, enseguida nos hicimos amigas.»

Turner estaba segura de que Maisie conseguiría el papel: «Tras mi última audición, la primera con Maisie, estaba absolutamente segura de que ella iba a ser Arya, no me cabía la menor duda de ello. No me planteaba si Maisie conseguiría el papel ni cuándo iban a anunciarlo. Me enteré de que se lo habían dado a Maisie unas dos semanas después de enterarme de que yo había conseguido el mío a través de *winteriscoming.net*; supe que Isaac [Hempstead-Wright], que es encantador y tiene muchísimo talento, había conseguido el suyo unos dos meses después de saber lo del mío.»

Naturalmente, el primer día le entraron los nervios. «Además era una gran escena: la llegada del rey; y estaba Sean Bean. Era abrumador, pero era asombroso.» Durante las pausas en la grabación, se sienta en el remolque y juega a yo espío con su madre: «Apuntamos a un trozo de masilla adhesiva que hemos puesto en el techo. Al final queda asqueroso. Mi mamá ejerce una gran influencia sobre mí, ya que es una mujer muy independiente que no depende de nadie y siempre sabe encontrar su camino. La de actriz es una profesión muy dura. Se trata de un mundo en el que tienes que aprender a ser independiente y responsable muy deprisa, y eso mi mamá ya me lo enseñó cuando yo era muy pequeña.»

El personaje de Sansa va a dar mucho juego y el futuro inmediato de Sophie está en *Juego de Tronos*. Sin embargo, ya tiene la vista puesta más allá de la serie: «He de decir que estoy muy nerviosa por mi futuro, sobre todo si sigo estando en *Juego de Tronos*. No me importa que la gente esté pendiente de mí porque supongo que eso va con estar en una serie de televisión, sobre todo si es una tan colosal como *Juego de Tronos*. La verdad es que no sé qué clase de papeles me gustaría interpretar más adelante. Me interesa cualquier papel y a cualquiera me dedicaría por completo como he hecho con el de Sansa. No tengo preferencias por unos u otros papeles, de verdad que me da igual... Me gusta la variedad.»

TRONO DE HIERRO

Con sus bordes aserrados, sus salientes, la dureza de su superficie y toda esa cantidad de metal puede que no parezca el asiento más cómodo del mundo, pero el Trono de Hierro es el lugar más importante de Poniente. Es la sede de los reyes y toda la saga de *Canción de Hielo y Fuego* gira en torno a quién se sentará finalmente en él.

El trono está hecho con un millar de espadas entregadas por los enemigos de Aegon el Conquistador. Aegon Targaryen fue el primer rey de los Siete Reinos y el dragón Balerion calentó las hojas hasta fundirlas. Hizo que el trono fuera lo más incómodo posible, ya que decía que un rey nunca debería estar a gusto sentado. Se dice que el Rey Loco (Aerys II Targaryen) se cortó varias veces al usarlo.

Mark Addy, que interpreta al rey Robert, dijo: «No llegué a rodar ninguna escena en la Sala del Trono, donde está el Trono de Hierro, pero hicimos una foto publicitaria y esa fue la única vez que me senté en él. Fue interesante porque al sentarte te dabas cuenta de que no es que fuera muy cómodo, y entonces los diseñadores se reían y te replicaban que de eso se trataba, porque, por supuesto, no es el sitio en el que quieres estar. Da igual quién esté sentado en el Trono de Hierro, si está allí se encuentra justo en la línea de tiro.»

La Sala del Trono estaba decorada con cráneos de dragón, pero Robert los quita para sustituirlos por tapices con escenas de caza. Se dice que el Trono ha matado a varias personas, y la Sala del Trono es el escenario de la muerte de Richard y Brandon Stark, así como de la de Joffrey durante su banquete de bodas.

SPOILER

El rey que se sentará en el Trono de Hierro tras la muerte de Joffrey es su hermano pequeño, Tommen Baratheon.

TYRION LANNISTER

Tyrion Lannister, o el Gnomo o Mediohombre, como también lo apodan, es el hijo pequeño de Tywin Lannister. Posee un ingenio cáustico, inteligencia aguda y la costumbre de zaherirse para así no darles a otros la oportunidad de mofarse de su estatura.

Ha tenido que endurecerse porque, a pesar de su apellido, a veces Tyrion tiene que aguantar el escarnio. Por otra parte, su padre siempre ha sido muy severo con él porque lo culpa de la muerte de su amada esposa Joanna, que falleció al alumbrarlo.

Su hermana Cersei también lo desprecia, mientras que su hermano Jaime es el único que le muestra afecto. A los trece años, él y Jaime rescataron a una mujer de unos violadores y Tyrion se enamoró locamente de ella. Para gran conmoción y sorpresa suyas, los sentimientos eran mutuos, y él y Tysha se casaron en secreto. Cuando se enteró, su padre se inventó una historia y obligó a Jaime a corroborarla. Le dijeron a Tyrion que Tysha era una prostituta y que Jaime había organizado toda aquella falsa violación para que Tyrion por fin pudiera acostarse con alguien. Para darle veracidad, Tywin hizo que toda su guardia la violara en presencia de Tyrion y lo obligó a que él lo hiciera tras todos los demás.

SPOILER

Tras los acontecimientos que llevaron a la decapitación de Ned Stark y exhibiendo notables habilidades estratégicas, a Tyrion lo nombran Mano del Rey en sustitución de su padre. Desempeña ese cargo con gran habilidad para la estrategia por lo que todo hace indicar que acabará con gran parte del ejército de Stannis cuando este intenta invadir Desembarco del Rey. Pero un miembro de la Guardia del Rey hiere a Tyrion, que pierde el conocimiento. Cuando lo recobre se enterará de que su padre está llevándose el mérito y que a él lo han relegado a consejero de la Moneda.

Su padre lo obliga a casarse con Sansa Stark, pero Tyrion se niega a consumar el matrimonio. Poco después lo acusan injustamente del asesinato del rey Joffrey, su sobrino. Lo condenan a muerte, pero su hermano Jaime lo rescata. Durante su huida, Jaime por fin le cuenta la verdad sobre Tysha: que ella lo amaba y que no era una prostituta sino una campesina. Tyrion se enfada mucho con él y lo abandona. Descubre uno de los túneles que corren por debajo de Desembarco del Rey y que llevan al aposento de su padre, adonde se dirige para matarlo. Luego huye a través del mar Angosto y su hermana Cersei ofrece una recompensa a quien lo capture.

Durante sus viajes, se entera de que hay una mujer que posee dragones.

TYWIN LANNISTER

Como cabeza de la familia Lannister, se espera a alguien alto, fuerte y de mirada acerada, que sepa imponer, tanto física como anímicamente, su voluntad a la obstinada familia. Cersei, Jaime y Tyrion no son débiles ni apocados; sin embargo, está claro que temen a su padre, aunque también lo respetan y, además, necesitan su atención como le pasaría a cualquier hijo.

Para ese personaje había que encontrar a alguien que pudiera comportarse con autoridad y, al mismo tiempo, resultar amenazador. Durante buena parte de la primera temporada se habla de él pero no aparece en pantalla. En la segunda temporada, si bien tiene mayor presencia, sus apariciones continúan siendo fugaces. El personaje necesitaba un actor capaz de crear una presencia tan imponente que perdurara mucho después de haberse ido. Las elucubraciones en *winteriscoming.net* hicieron que casi todos los actores británicos se presentaran para el papel.

Si se busca un actor británico calvo que imponga autoridad, todas las miradas se dirigen a sir Patrick Stewart. La estrella de *X-Men* y *Star Trek: La nueva generación* ya tenía una notable reputación en el género. Por otra parte, ser un miembro respetado de la Royal Academy of Dramatic Art le daba la presencia requerida.

También se habló del popular actor británico Bill Nighy, famoso por la comedia romántica *Love Actually*, el exitazo de animación *Rango* y los distintos *Piratas del Caribe*, así como del actor australiano Alan Dale, que debe su fama por interpretar a Jim Robinson en la longeva serie australiana *Vecinos*; al instalarse en Estados Unidos consiguió sendos papeles en *Vidas ajenas, 24* y *Perdidos.*

El crítico de *Winteriscoming.net* dijo lo siguiente acerca de Nighy: «Otro actor fácil de reconocer, sin embargo no ha llegado a alcanzar el mismo grado de reconocimiento que Stewart. No obstante, a lo largo del último decenio Nighy ha trabajado en docenas de películas que han tenido mucho éxito, como *Piratas del Caribe* y *Underworld,* y pronto aparecerá en la serie cinematográfica que parece haber empleado a los mejores actores británicos durante los últimos años, *Harry Potter.* Nighy no acaba de tener el aspecto que yo imaginaba para Tywin, pero los actores escogidos para Jaime y Cersei tampoco acababan de ajustarse a sus personajes y todo parece haber ido estupendamente. Habrá que ver cómo le queda la calva, pero creo que pueden hacer que funcione.»

En cuanto a Dale, el sitio web decía: «El único no británico en esta lista, ya que Dale nació en Nueva Zelanda e inició su carrera interpretativa allí y en Australia. Pasó ocho años protagonizando la serie australiana *Vecinos* y cuando la dejó, decidió irse a Estados Unidos. Desde entonces ha aparecido en bastantes series muy apreciadas, entre las que figuran *Vidas ajenas, Betty la Fea, Perdidos* y *El séquito,* de la propia HBO. Su aspecto se parece mucho al que se imagina que tendría Tywin; con unas buenas patillas de hacha estaría perfecto. Pese a no ser británico, es probable que le guste pertenecer a British Equity (un factor importante, parece ser, para figurar en un reparto) ya que estuvo en el montaje del West End *Spamalot.* Veremos si eso basta para hacer que cuenten con él.»

Dale tenía todo lo que se necesitaba para el papel, pero también lo tenía el actor que acabó haciéndose con él. Charles Dance es un veterano actor de televisión, aunque más conocido por haber interpretado papeles de villano en superproducciones de Hollywood como *El chico de oro* y *El último gran héroe.* También lo mencionaban en *winteriscoming.net,* y no era de extrañar. Dance era exactamente lo que hacía falta para el papel de Tywin Lannister.

Él declaró a *westeros.org:* «Evito leer libros tan gordos. Me asustan y, además, pesan muchísimo en el equipaje. No, me limito al guion porque es con lo que estamos tratando; y da la casualidad de que los guiones son muy buenos. Si, mientras trabajaba en esto, me hubiera parecido que los guiones no eran lo bastante buenos, hubiese recurrido al material original y hubiera intentado averiguar a qué se debía eso. Pero los guionistas de esta serie han sabido hacerlo muy bien. La calidad de la escritura es tan buena como la de la producción; y esta, para una serie de televisión, es asombrosa. No me había dado cuenta de la cantidad de lectores que tienen esos libros, de verdad. No había oído hablar de ellos antes. Alguien me dijo que era una especie de *El Señor de los Anillos* adulto, ¡y lo decía porque aquí hay más ñaca ñaca! Y son francamente violentos. Lo cierto es que es una sorpresa continua la difusión que tienen, y más que tendrán porque, como todas las adaptaciones literarias, el único servicio que una adaptación le prestará a un libro es hacer que la gente que todavía no lo ha leído piense que va a hacerlo. Lo que es bueno, es bueno para todos.»

Tywin es el Guardián de Occidente. Tiene una hija, Cersei, y dos hijos; Jaime, al que adora porque es todo lo que él siempre quiso de un hijo, y Tyrion, al que de buena gana habría asfixiado en la cuna, por su apariencia y porque lo culpa de la muerte de su querida esposa.

Dance añadió: «Muy parecido a lo que supone interpretar cualquier personaje, en realidad. Finjo, que es lo que hace un actor. Pero un hombre de su edad, más o menos la mía, va siendo consciente de su mortalidad, ya que en esa sociedad la vida no se valora demasiado; a la gente le cortan la cabeza muy a menudo. Aunque se trate de una historia mítica, puedes trazar un paralelismo con la Europa medieval, cuando la vida era barata. La vida es más valiosa para nosotros ahora, en el siglo XXI; cualquiera que sepa un poco de historia sabe que uno de los cambios es que valoramos más la vida y vivimos de una forma para que se prolongue nuestra existencia. Creo que [en la Edad Media] se aceptaba que la vida estaba muy bien mientras duraba pero cuando se acababa, se acababa. A causa de mi edad, tengo la capacidad de imaginarme en el estado de un hombre al que se le va a recordar a menudo que es mortal.»

Cuando le preguntaron su opinión del personaje, Dance dijo: «Sí que me gusta y no me parece que sea un mal tipo, en absoluto. No. Es un hombre de principios; puede que no sean tus principios o los míos, pero no cabe duda de que los tiene. No, yo no siempre interpreto al malo. He interpretado a unos cuantos tipos que no eran los malos de la historia. Pero si te sale algo tan bien escrito como esto...»

El carácter de Tywin como implacable, decidido, controlador y feroz líder de la Casa Lannister surge de que su padre fue un hombre bondadoso pero débil del que se burlaban sus banderizos.

Dance opina de él: «Me atraen los personajes que te obligan a hacerte preguntas o que hacen que se las formule el público: ¿por qué está haciendo eso, de qué va realmente ese hombre? Mi interés no va más allá de ese punto. Hay en él cierta ambigüedad, nunca estás del todo seguro de qué camino va a seguir. En algunas escenas tengo bastante texto, pero la mayor parte del tiempo es un hombre de pocas palabras y tampoco sonríe mucho. Creo que es un gran personaje, pero no lo describiría como un malo, en absoluto.»

En una ocasión Tywin encarcela a un banderizo desleal, cuya esposa captura a tres Lannister y amenaza con hacerles daño si no liberan a su marido; Tywin se sorprende porque él había ordenado que devolvieran a aquel hombre cortado en tres pedazos.

Por otra parte, cuando Tywin se hace cargo de la Casa Lannister, esta estaba convirtiéndose en una caricatura y él se ocupa de los peores elementos disidentes: aniquila el linaje de la Casa Tarbeck y el de la Casa Reyne.

Se casó con su prima Joanna, de la que se decía que había gobernado su casa con el mismo puño de hierro empleado por él en Roca Casterly y en los Siete Reinos cuando es Mano del Rey para Aerys, que estaba impresionado por aquel joven de veinte años.

Durante veinte años fue tan buena Mano del Rey que la gente empezó a propalar el rumor de que más que de Mano ejercía de auténtico rey. Aquello provocó la ira de Aerys, el Rey Loco, que empezó a sentir celos del hombre que era su mano derecha. Cuando Aerys rechazó la propuesta de Tywin de que su hija Cersei se casara con el heredero del rey, el príncipe Rhaegar, y, encima, le quitaron a Jaime, su hijo de quince años, para llevarlo a la Guardia del Rey, presentó su dimisión como Mano y volvió a Roca Casterly.

Durante la Rebelión de Robert, Tywin no hizo caso de la orden de Aerys de que le prestara ayuda y se negó a tomar partido. Sin embargo, una vez que la rebelión consiguió una victoria clave en la batalla del Tridente, Tywin fue a Desembarco del Rey con sus fuerzas y saqueó la ciudad. Entonces los caballeros de Tywin mataron a la esposa de Rhaegar y a sus dos hijos pequeños, a los que Tywin envolvió en capas de los Lannister y entregó a Robert como un juramento de lealtad.

En premio, el rey Robert se casó con Cersei, lo cual significaba que un Lannister pretendería legítimamente el trono. Por otra parte, Tywin le presta con frecuencia dinero a la corona, que lo necesita a causa de la mala gestión del reino que realiza el rey Robert.

SPOILER

A Tywin acaba matándolo su hijo Tyrion cuando encuentra en su cama a una prostituta, Shae, que era su amante. A ella Tyrion la estrangula con la cadena de oro de su padre. Después coge una ballesta y dispara contra él. Dance no sabía que a su personaje lo matarían y que sería su hijo quien lo haría, hasta que se enteró a través de los fans. «Lo sé [ahora], porque los seguidores de los libros se me acercaron en la calle y me lo contaron todo. Así que ahora lo sé. Es una pasada.»

USURPADOR

La guerra del Usurpador es conocida habitualmente como la Rebelión de Robert. Cuando tenemos el primer encuentro con él, en el primer episodio, Robert Baratheon, el Usurpador, es un hombre vulgar, malhumorado, lleno de amargura y con bastantes kilos de más.

Habla con afecto de Lord Eddard Stark, pero el resto de personas están allí únicamente para que los insulte y menosprecie; a menos que se trate de una criada con un buen par de pechos, en cuyo caso es más que probable que Robert se aproveche de ella, asegurándose de que su esposa Cersei Lannister lo ve o se entera de ello a través de su hermano Jaime, al que siempre le hace custodiar la puerta cuando tiene compañía femenina.

No siempre ha sido así. La propia Cersei dice hacia el final de la primera temporada que Robert Baratheon ha-

bía sido un poderoso guerrero y el sueño de toda doncella cuando, sin detenerse ante nada, cruzó los Siete Reinos para deponer al Rey Loco. Pero ser rey no era la
mayor ambición de aquel poderoso guerrero, así que se
dedicó a darse gusto de otras maneras, sobre todo trase-
gando grandes cantidades de alcohol y atracándose en
los muchos banquetes que exigía que se hicieran en su
honor; hasta llegó a dejarse crecer la barba para ocultar
sus papadas.

Robert nació de Lady Cassana y Lord Steffon Baratheon; un año después llegó su hermano Stannis, el segundo vástago, y unos años más tarde nació Renly. Su
abuela era una Targaryen. De joven, presenció la muerte
de sus padres en un naufragio y se vio obligado a convertirse en el señor de Bastión de Tormentas; allí lo hizo
todo muy bien, gracias a la ayuda de Stannis.

Robert se crio con Jon Arryn y durante aquel período se hizo amigo de Eddard Stark; también conoció a
Lyanna, la hermana de Eddard, y se enamoró locamente
de ella. Cuando la secuestró Rhaegar Targaryen, Brandon, el hermano de Eddard, y su padre, Richard, fueron
a Desembarco del Rey buscando justicia. A Richard lo
quemaron vivo y a Brandon lo ataron a un instrumento
de tortura que va estrangulándolo a medida que él se
mueve agitado porque está viendo morir a su padre.

A Jon Arryn le ordenaron que entregara a Robert y
Eddard, pero se negó y desencadenó la rebelión con los
dos. Enseguida Robert se convirtió en el líder de la re-
vuelta, que llegará a ser conocida como la Rebelión de
Robert.

Más adelante, se enfrenta a una rebelión en sus propias filas, en Bastión de Tormentas. Algunos de sus banderizos se niegan a unirse a la rebelión y deciden perma-

necer leales al trono. Robert descubre que los señores de las Casas Fell, Cafferen y Grandison van a reunirse en el Salón del Verano, y él con sus fuerzas se apresura a sofocar la rebelión. Gana tres batallas en un solo día y Robert mata a Lord Fell en combate singular.

En la batalla del Tridente, Robert se enfrenta con Rhaegar, quien está convencido de que el primero es el responsable del secuestro de su querida Lyanna. La batalla es épica. Robert resulta herido, pero termina saliendo victorioso, ya que mata a Rhaegar con su martillo gigante. Lyanna muere durante el conflicto; eso hace que Robert se dirija a la Fortaleza Roja deseoso de venganza.

Cuando Tywin le muestra a Robert los cuerpos de la esposa y los dos hijos de su archienemigo, este se alegra de que estén muertos, al contrario que Eddard. Robert se limita a responder que él no ve niños, sino cachorros de dragón. El incidente amenaza con distanciar a los dos amigos. Las consecuencias se manifestarán más adelante, cuando Ned se niegue a aprobar el asesinato del hijo de Daenerys.

Stark parte y va a Desembarco del Rey para ayudar a un sitiado Stannis. La pena que comparten por la muerte de Lyanna vuelve a unirlos. Con la astuta ayuda de Jon Arryn y de su Mano, perdonan a los muchos enemigos de la rebelión y forjan alianzas con aquellos que querían matarlos, aunque no todos están igual de dispuestos: Dorne está indignado porque Robert ha aprobado los asesinatos de la esposa y los hijos de Rhaegar.

Robert se casa con Cersei Lannister, pero su matrimonio está condenado desde el primer momento: Robert susurra «Lyanna» durante su noche de bodas. No es feliz, pero seis años después de ser nombrado rey, une sus fuerzas con Eddard para aplastar la Rebelión Grey-joy. Muere al final de la primera temporada sin saber que sus hijos de hecho no son suyos sino del hermano de su esposa.

El personaje de Robert lo interpreta con sumo entusiasmo Mark Addy, que contó a *Access Hollywood*: «Me mandaron tres o cuatro escenas que tenía que aprenderme para la audición y pensé que aquello era muy bueno. Luego fui y compré el libro, que me pareció extraordinario. Así que fue estupendo tener la oportunidad de formar parte de algo de semejantes dimensiones y estimado por tanta gente. En realidad hay muchos factores. El hecho de que George haya escrito unos personajes tan extraordinariamente ricos, descritos con todo lujo de detalle en los libros, te proporciona un armazón realmente sólido sobre el que puedes crear tu propia versión de todo eso.»

El vestuario también desempeñó un papel importante. Así lo veía Addy: «Físicamente, la vestimenta que han hecho para nosotros ayuda. Cuando te has vestido, es como si te impregnaras de quién es esa persona. Además tienes directores que conocen los libros y a los personajes tan bien como nosotros, así que no te consentirán hacer nada demasiado alejado de lo que corresponda. Como George ha escrito una historia tan grande, es como si pudieras deducir lo que ha provocado que esa persona sea como es. Todo tu pasado está ahí mismo, y puedes usarlo. En los libros, descubres cómo era de pequeño y cómo ha llegado al poder, aunque puede que no fuera la persona más adecuada. Luego te enteras de que se casó sin amor, ya que su matrimonio es más una jugada política que algo surgido de un sentimiento real hacia la otra persona. Todo se combina para crear un personaje con muchas imperfecciones, que ha recurrido a la bebida [y a] las prostitutas para mantenerse cuerdo.»

VAMPIROS

Hay criaturas similares a zombis y monstruos feroces, que pueden acechar por la noche Más-Allá-del-Muro. No obstante, en 1982, Martin utilizó a un enemigo sobrenatural muy distinto para su novela *Sueño del Fevre.*

Inspirado por las clases que daba en una academia para chicas desde la que se divisaba el Misisipi, Martin urdió un libro que cada vez más se va apreciando conforme los lectores de su serie de fantasía le siguen la pista a la obra anterior del escritor. Por increíble que pueda parecer, esta joya de lo sobrenatural estuvo descatalogada durante unos veinte años. Al ver el éxito de *Canción de Fuego y Hielo* se reeditó.

La acción transcurre en 1857 en las aguas del Misisipi, donde el capitán de vapores Abner Marsh conoce a un rico caballero llamado Joshua York. Acosado por los problemas económicos, a Marsh se le promete un espléndido vapor que financiará York y será el orgullo del río Misisipi. El vapor *Sueño del Fevre* es una majestuosa beldad plata y azul que surca velozmente las aguas del río. Los dos, Marsh y York, capitanean el barco, pero Marsh no tarda en empezar a sospechar de su misterioso benefactor, unas sospechas compartidas por la tripulación y los pasajeros.

York y sus amigos rara vez se aventuran fuera del barco durante el día. Marsh encuentra en el camarote de York álbumes con recortes de prensa que hablan de muertes misteriosas y se encara con él. York acaba por confesarle que es un vampiro pero que ha desarrollado una cura para la enfermedad y planea liberar a su gente del ansia de sangre. Su grupo lo llama el Rey Pálido.

Al vapor sube un grupo de vampiros malvados liderado por Damon Julian y le arrebatan la posición. Damon se hace con el *Sueño del Fevre* y un Marsh obsesionado pasa años intentando dar con su querido barco. Cuando ya es anciano Marsh recibe una carta de York en la que le pide ayuda para derrotar a Julian.

La novela fue descrita como «Bram Stoker se encuentra con Mark Twain» y en 1983 la nominaron tanto para el premio Locus como para los Premios Mundiales de Fantasía. Entre las personas destacadas que son fans del libro figura el aclamado director de cine de terror Guillermo del Toro.

Martin declaró a *Empire*: «*Sueño del Fevre* es mi única novela de vampiros. Tengo desde hace decenios algunas ideas para una secuela de ese libro. La cuestión es encontrar el tiempo para escribirlo y si lo haré, porque no sé si alguna vez llegaré a hacerlo. Siempre he querido escribir algo sobre vampiros, desde el principio de mi carrera. Por alguna razón, cuando pensaba en vampiros, habiendo leído *Drácula* y todo lo demás, siempre me parecía que tenía que ser una historia de época, no podía ser una historia que transcurriera en tiempos modernos. Pero tampoco quería escribir algo que ya se hubiera hecho; quería hacer algo original. La idea empezó a materializarse a finales de los años setenta, cuando me salió un trabajo de profesor en un colegio de Dubuque (Iowa). Es una vieja población fluvial en el extremo norte del cauce del Misisipi, que los barcos de vapor solían visitar en sus rutas comerciales. Me interesé por la historia del lugar y de pronto pareció que todo cobraba forma: vampiros y barcos de vapor. Había cierto oscuro romanticismo en ambos y que yo supiera, nadie había escrito una historia de vampiros a bordo de un vapor. *Sueño del Fevre* fue el resultado.»

Añadió que hasta cierto punto los vampiros parecían combinar bien con los barcos de vapor: «Era una especie de oscuro romanticismo tanto por lo que respecta a unos como a los otros, que parecían llevarse muy bien entre sí. Pero había ciertos aspectos que no encajaban; principalmente el asunto de que, según la tradición, los vampiros no pueden cruzar el agua que fluye, con lo que toda la historia saltaba por los aires. Así que pensé que no podía seguir con aquello y que no tenía que agobiarme. Y entonces cuando lo dejé estar dije: "Bueno, voy a repensar los vampiros y los haré más racionales, más vampiros de ciencia ficción, no cadáveres vivientes que están malditos porque no tienen alma o como se le llame a su porción sobrenatural tradicional." Un enfoque más de ciencia ficción, más realista. Cuando tomé esa decisión ya todo se acoplaba perfectamente en la historia vampiro-barco fluvial.»

Podría decirse que era su libro más famoso antes de *Canción de Hielo y Fuego.* Incluso había vendido los derechos para una adaptación cinematográfica, de la que Martin llegó a escribir un guion. En lugar de eso, se adaptó para otro medio. Martin ha explicado: «El director de Avatar Comics me llamó porque quería hacer algunos [cómics basados en] mi obra. Querían *Hielo y Fuego*, pero no he vendido derechos para que se haga un cómic de *Hielo y Fuego.* No paran de proponérmelo y puede que algún día lo haga, pero es un proyecto tan grande que no sé cómo se las arreglarían. Pero nos pusimos a hablar de otras cosas y le dije que *Sueño del Fevre* probablemente daría una buena serie de cómic.»

VARYS

Toda organización política tiene una figura destacada, alguien que maneja fácilmente a las personas y urde mentiras y confabulaciones en los pasillos del poder. En *Juego de Tronos* hay dos personajes con esos arteros poderes: Meñique y Lord Varys, al que también se conoce como la Araña. Su red de espías consiste en muchos ojos que recorren Desembarco del Rey; Varys se refiere a ellos como sus pajaritos. Su habilidad para enfrentar a las personas entre sí y suministrar información a todos los bandos es tal que nadie en el palacio sabe exactamente a qué atenerse con él.

La primera vez que se lo encuentra, Ned Stark desconfía del Eunuco, un apodo con el que Varys no acaba de sentirse cómodo. Como era de esperar en un hombre en el que nunca puedes confiar de verdad, lo único que se sabe de su procedencia es lo que él dice y es posible que sea una mentira más de un hombre al que la duplicidad le resulta tan natural como respirar. Dice que nació con la condición de esclavo en Lys, una de las nueve Ciudades Libres. Rodeada por un violento oleaje y mares tempestuosos, Lys es hogar de alquimistas que, entre otras cosas, preparan un veneno rarísimo conocido como El Estrangulador, un líquido que aparecerá en una temporada posterior.

Según Varys, a él lo vendieron a un grupo de cómicos de la legua con los que visitó las otras Ciudades Libres y Desembarco del Rey. Más tarde lo vendieron a un hombre que lo utilizó como parte de un ritual de magia de sangre, y que le administró una poción que lo dejó incapaz de moverse o hablar; no obstante, sus sentidos estaban muy vivos y sintió cada insoportable segundo de dolor cuando le cortaron sus atributos viriles.

Arrojado a las calles de la Ciudad Libre de Myr, Varys recurrió a la mendicidad y otros medios de sobrevivir nada recomendables, y no tardó en comprender que era un hábil ladrón. Conoció a Illyrio Mopatis, un mercenario con el que empezó un negocio en el que Varys robaba objetos preciosos a ladrones y luego Illyrio los recuperaba para sus antiguos propietarios a cambio de unos pequeños honorarios. Aquella actividad los hizo muy ricos y la riqueza siguió aumentando a través de su primera red de espías. Percatándose de que la información es la clave del poder, Varys reclutó a sus pajaritos: huérfanos que pueden moverse por los callejones sin espacios y apostarse sin ser vistos en esquinas donde oír lo que dicen los ricos y poderosos para, así, robar información.

El rey Aerys oyó hablar del talento de Varys y lo reclutó. Pronto se convirtió en el gran espía de Desembarco del Rey y alimentó la paranoia del Rey Loco a base de señalarle traidores y conspiradores. Le aconsejó a Aerys que le cerrara las puertas a su antigua Mano, Tywin Lannister, convencido de que no se podía confiar en él. Pero el Rey Loco se negó a escuchar al Eunuco y en vez de seguir su consejo se lo pidió al Gran Maestre Pycelle; el resultado fue que le abrió las puertas a los doce mil hombres del ejército de Lannister. Aquello fue un error fatídico. Pese a haber jurado lealtad a la causa de los Targaryen, el ejército de Lannister saqueó la ciudad en nombre de la Rebelión de Robert. Aerys había temido esa rebelión desde hacía tiempo y había colocado secretamente el muy inflamable fuego valyrio bajo la ciudad. Su plan era destruirla y matar a millones de sus ciudadanos; todo menos ver que triunfara la rebelión. Pero Jaime Lannister frustró esos planes y mató al rey a escasos centímetros del Trono de Hierro.

Varys conservó su puesto cuando el rey Robert reclamó el trono, pero él e Illyrio Mopatis siempre han mantenido su lealtad a la Casa Targaryen. Por eso sustituyeron al pequeñín de Rhaegar, Aegon, por el bebé de un campesino y se llevaron al primero en secreto a través del mar Angosto. Parece ser que Varys quiere que Aegon reclame su trono y restaure la estirpe de los Targaryen en el Trono de Hierro, pero los rumores malvados y el exceso de confianza en los espías hacen que, finalmente, Varys tenga que ensuciarse las manos para que las cosas progresen; y eso es lo que hace.

SPOILER

En el libro *Tormenta de Espadas*, vemos a Varys testificar contra Tyrion, a quien se acusa falsamente de asesinar al rey Joffrey. El testimonio de Varys desempeña un papel crucial en la decisión de sentenciarlo a muerte, ya que proporciona notas con todos los detalles de las conversaciones que mantuvieron como prueba incriminatoria.

Jaime Lannister fuerza a Varys a rescatar a su hermano Tyrion. Lo hace gracias a los túneles secretos que corren bajo la Fortaleza Roja. Pasan ante una escalera que conduce al aposento de Tywin. Pese a las protestas de Varys, Tyrion se dirige hacia arriba para matar a su padre.

Varys vuelve a los pasajes secretos más adelante y mata a Kevan Lannister. Kevan es un hombre muy brillante que está ayudando a Tommen a ganarse el respeto desempeñando el papel de rey, ya que tiene considerables dotes de líder. Eso podría obstaculizar los planes de Varys de que Aegon reclame el trono; por eso mata a Kevan con una ballesta mientras le explica que no es nada personal pero que sus dotes de líder amenazan con deshacer años de duro trabajo, y que su muerte exacerbará aún más las tensiones entre la Casa Tyrell y la Casa Lannister.

El 15 de julio de 2010, George R. R. Martin anunció en su blog: «Y para confirmar la historia que Mo Ryan ha publicado hace un rato en su columna, el papel de

Varys la Araña será interpretado por Conleth Hill.» Al principio a los fans la elección les produjo escepticismo, ya que Hill era un perfecto desconocido. Bean, Dinklage y algún otro actor tenían bastante fama, y como Varys era un personaje esencial en la serie, esperaban un nombre de más peso.

Por supuesto, ahora nadie puede imaginar a un actor que no sea Hill interpretando el papel. Él es reacio a dar entrevistas y rara vez aparece promocionando la serie; parece que le gusta hacer su trabajo y marcharse a casa después; quizás eso sea lo que más le pega al personaje de Varys. Al hombre más misterioso de *Juego de Tronos* lo representa el actor más misterioso de *Juego de Tronos*.

Mientras permanece en las sombras, Hill deja que otros hagan correr rumores acerca de la serie y él trabaja para ellos: sus compañeros de profesión... sus pajaritos.

VESTUARIO

Siguiendo en la línea de *Juego de Tronos* como serie que rompe los cánones de su género, cuando se le pidió a la diseñadora de vestuario Michele Clapton que designara un episodio como candidato a un premio Emmy, no eligió, como sería de esperar, aquel en el que se lucen los preciosos trajes que lleva Lena Headey en el papel de Cersei ni el del vestido inspirado en Alexander McQueen que hizo para Margaery. Tampoco quiso destacar los diseños, tan recargados como extravagantes, que adornan la opulenta ciudad de mercaderes que es Quarth, por ejemplo. Para sorpresa de mucha gente, se decantó por lo menos obvio y escogió la nada elegante indumentaria mísera de un episodio de la segunda temporada: «El príncipe de Invernalia.» Así lo explicaba: «Hay una gran trampa en la que la fantasía cae a menudo: el vestuario no se acopla al entorno. Nosotros intentamos conferirle una realidad basada en el terreno, el clima y las materias primas. Quiero que se puedan oler los trajes.»

Clapton se prepara a fondo para cada temporada. Se reúne con sus diseñadores unos cuatro meses antes de filmar para decidir la dirección que seguirán en los siguientes episodios, qué personajes hay que incorporar y qué estilo le corresponde a cada grupo. Estaba claro que para el Norte, era el de la Inglaterra medieval; por su parte, para los dothraki era adecuado el aire de los beduinos, y para la gente de Más-Allá-del-Muro, el de las tribus esquimales.

En unas declaraciones al *LA Times* contaba: «Es de lo más emocionante porque podemos ir prácticamente a cualquier sitio con tal de que tenga sentido. Si viven en una isla rocosa con mucho viento, como es el caso de los Greyjoy, visten en consecuencia: llevan ropa confeccionada con telas gruesas con una urdimbre muy recia, y untada y pintada con aceite de pescado para que no se cuele a través de ella el viento. Todo tiene alguna razón.

»Hicimos todo el vestuario de la gente del norte a base de pieles. Para investigar, nos fijamos en los esquimales y en los habitantes del Tíbet; intentamos fijarnos en pueblos pertenecientes a distintos momentos de la historia para ver cómo se hubieran vestido en aquel entorno. Asimismo examiné las pinturas rupestres de Lascaux, en Francia; tienen unas representaciones de animales maravillosas. Decidimos que cada vez que los cazadores mataran un animal, tendrían que pintarlo sobre la ropa que llevaran. Cuanto mejor cazador, más cubierto de esas pinturas. Creo que visualmente es muy potente. La constante era buscar maneras de mostrar quién es el que manda.»

A Clapton también se le dio libertad para desviarse del libro si era necesario; por ejemplo, se quitaron los guerreros del arcoíris del rey Renly porque Clapton no creía que pudieran saltar del libro a la imagen. Y, además, se le permitió usar la imaginación: «A partir de aquellas conversaciones creamos una especie de esquema ambiental para cada nuevo lugar y empecé a dibujar bocetos para los personajes principales. Por otra parte, fuimos a Italia, París y Madrid a mirar telas, además de rebuscar en Londres, sobre todo en Sheperds Bush, Chelsea Harbour y Berwick Street.»

Tras semanas de investigación, Clapton va a los talleres, que es donde están sus cortadores, delineantes y armeros. Prefiere que sea su equipo el que confeccione la mayor parte posible del vestuario y de los objetos porque es «práctico y hace que te sientas mucho más satisfecho. Tenemos tejedores, bordadoras y estampadores, así que buena parte del vestuario es una creación nuestra por completo. Lo que llevan las esposas de la familia Craster, por ejemplo, se tejió a partir de rafia, pieles de conejo y plumas, y después lo envejecimos en nuestras salas de desgaste. De la misma forma, el vestido dothraki de Daenerys se confeccionó aquí. Cada temporada intentamos comprar menos vestuario, aunque a veces tenemos que encargar piezas para los extras fuera del taller por razones de tiempo y de la cantidad que vamos a necesitar, pero aun así intentamos acabarlo sobre el terreno».

De ahí, a la filmación. Después de todo el esfuerzo de crear ese vestuario, gran parte de él se confunde con el fondo y queda oculto a los ojos del espectador, sin importar la cantidad de sangre y lágrimas de artesanía que se haya invertido en él. La grabación también encierra unos cuantos retos para Clapton: «Algo muy serio es ¡que los niños no paran de crecer! En todos los sentidos, quiero decir: ¡hacia fuera y hacia arriba! Pero aparte de eso, a veces no puedes ver al actor hasta que falta muy poco para filmar y, en ese momento, ya hemos progresado mucho con la armadura. Por ejemplo, la idea es que Brienne parezca un hombre; sin embargo, hagas lo que hagas, las mujeres tienen caderas. Empezamos a hacer que las líneas de la armadura se alejaran de la cintura y, poco a poco, empezó a parecer más masculina; al mismo tiempo, la armadura también tenía que ser funcional.»

Igual que los vestidos, la peluquería de la serie, diseñada por Kevin Alexander, hace que lo que vemos tenga un gran atractivo visual. En la serie se utilizaron alrededor de treinta pelucas. Emilia Clarke, Lena Headey, Carice van Houten y Natalie Dormer han llevado postizos capilares que cuestan alrededor de siete mil dólares cada uno y están hechos con pelo procedente de India y Rusia. Para cuidar esas costosas pelucas, se lavan y se peinan cada pocos días y se miman con delicados productos cosméticos.

Sophie Turner, que interpreta a Sansa, tiene el pelo rubio y como es adolescente se decidió que no querían oxigenárselo; en lugar de ello prefirieron emplear alrededor de cuatro tonos de acuarela distintos; el efecto dura unos diez días y hay que retocarlo constantemente. Por su parte, Jack Gleeson, cuyo pelo natural es oscuro, necesita que se lo retoquen cada día, así como llevarlo corto: eso le da un aspecto más juvenil para el papel del malvado joven rey Joffrey, que aparece con el rubio típico de los Lannister.

No obstante, no todo es tan glamuroso y elegante: para el aspecto campesino se utilizan múltiples productos de marca, como Lee Stafford, VO5 Matte Clay, Fudge y Jonathan Dirt, pero también vaselina y tierra en polvo, que por cierto es un producto real.

Se podría pensar que es fácil hacer que una prenda parezca ajada, pero como dijo Clapton: «Si se tarda tres días en confeccionar un traje, se tarda otros tres en destruirlo y romperlo. Cuando los actores lo hayan llevado tres días al sol estará todavía mejor, ¡maduro, en su punto!»

Juego de Tronos no se parece a ninguna otra epopeya fantástica, y Clapton lo atribuye a que no renuncian a la ética del trabajo bien hecho. El proceso de envejecer las prendas y desgastarlas puede ser uno de los que lleve más tiempo, pero es lo que hace a la serie tan distinta de otras que la han precedido. Así lo explicaba al *Hollywood Reporter*: «Cuando estás grabando en HD, se nota si has confeccionado una prenda o la has desgastado a toda prisa. Te tiras dos semanas desgastándola, poniendo remiendos, tiñendo, reparando. Después la maltratas, la envejeces, y luego vuelves a maltratarla y a remendarla. No puedes limitarte a ponerle un par de parches y mancharla con tierra porque eso es exactamente lo que se verá en los televisores HD.»

YGRITTE

Decidida y con una melena del color de las llamas, unos cabellos que los de su familia de salvajes describen como «besados por el fuego», Ygritte forma parte de una partida de exploradores a los que les tiende una emboscada un grupo de miembros de la Guardia de la Noche, entre los que figura Jon Nieve.

Al hijo bastardo de Lord Eddard le ordenan que la mate, pero, cuando lo dejan solo con ella para que haga el trabajo, Ygritte ve que le cuesta tanto que intenta escapar.

SPOILER

Después de que escape, Nieve logra capturar a Ygritte, pero ha perdido de vista a su grupo en la vastedad de las tierras salvajes. Los salvajes del grupo de Ygritte los encuentran. Ella se alegra cuando Jon dice que quiere desertar de la Guardia de la Noche para unirse a los salvajes. Aunque ellos no se dan cuenta, lo que quiere hacer es infiltrarse entre los salvajes.

Al cabo de un tiempo, se acuestan, lo que contraviene el voto de castidad que Jon ha hecho como miembro de la Guardia de la Noche. Sin embargo, cuando le dicen que mate a un caballero solitario, se niega y es Ygritte quien acaba cortándole el cuello al caballero. Jon intenta huir y su amante le dispara una flecha en la pierna.

Jon consigue llegar a Castillo Negro y tiene tiempo de avisar de la llegada de los salvajes. Ygritte muere durante el ataque, exhalando su último suspiro en brazos de Jon.

ZOMBIS

Bueno, en realidad no son zombis, sino espectros.

Los espectros son cuerpos muertos devueltos a la vida por los Caminantes Blancos. De una fuerza sobrenatural, pueden sobrevivir al más brutal de los ataques y siguen atacando aunque les falte un miembro. Sin embargo, son vulnerables al fuego.

Como dijo Kit Harington: «Yo creo que los Otros, o Caminantes Blancos, son aquella antigua raza, y utilizan a los zombis, o espectros, para que sean su ejército. Pero estos no tienen tan malas pulgas como los Caminantes Blancos. Me parece que lo que resulta tan fascinante en esta serie, sobre todo en la nueva temporada, es que en ese mundo se está cociendo algo y los elementos de fantasía van a desempeñar un papel mucho más importante. Empezamos la primera temporada con los Caminantes Blancos, pero desaparecieron. Ahora da la sensación de que algo está cambiando. Tenemos dragones, magos, brujas, zombis, carretadas de elementos distintos y todos van llegando de una manera muy sutil; no se los tiramos a la cara al espectador.»

GUÍA DE EPISODIOS

SE ACERCA EL INVIERNO

Primera temporada, primer episodio
Escrito por David Benioff y D. B. Weiss
Dirigido por Tim Van Patten

Michael Lombardo de la cadena HBO la había puesto por las nubes, a los críticos se les caía la baba proclamando que era el acontecimiento televisivo del año y los fans de la saga esperaban ansiosamente el espectáculo que pensaban que no verían jamás... El 17 de abril de 2011, dos semanas después de que HBO les hubiera abierto el apetito a los fans con un preestreno de quince minutos que pudieron ver en Internet, por fin llegó la serie.

El episodio «Se acerca el invierno» empieza por todo lo alto. Los hombres de la Guardia de la Noche cabalgan

Más Allá del Muro para capturar tribus de salvajes. Encuentran unos cuerpos —hombres, mujeres y niños— desmembrados en los fríos bosques. Uno de los exploradores huye y lo atrapan junto al muro del castillo de Invernalia, donde lo consideran un desertor. El castigo es rápido y severo, lo decapita Lord Eddard «Ned» Stark.

En el guion original se explica que el rey Robert y su antecesor contrataban a alguien para que llevara a cabo las decapitaciones. Sin embargo, Ned tiene otra perspectiva, tal como le explica a su joven hijo Bran: quien dicte la sentencia debe blandir la espada.

Stark descubre que su mentor, que desempeña el cargo de Mano del Rey, ha muerto. El rey Robert no tarda en hacerle una visita, lo cual solo puede significar una cosa: le pedirá a su viejo amigo que sea su nueva Mano. Stark es reacio a ocupar el puesto, pero cuando descubre que su mentor fue asesinado y que el rey corre peligro, acepta la oferta. Uno de sus hijos se tropieza accidentalmente con la esposa del rey, Cersei Lannister, y su hermano gemelo, Jaime, que están manteniendo relaciones sexuales en una torre abandonada. Jaime lo ve y lo empuja al vacío.

CURIOSIDADES

Al principio, en el piloto, los salvajes estaban amontonados, unos encima de otros, sin más, pero al grabarse de nuevo se decidió que había que buscar una imagen más horripilante. El ciervo muerto que se ve al principio era de verdad y se hallaba en tal estado de descomposición que un miembro del equipo vomitó.

Los lobos huargos se introdujeron pronto en el episodio y aparecen en muchos otros, pero Martin no estaba muy satisfecho del aspecto que tenían en la primera temporada. Si bien usaron perros esquimales criados con el fin concreto de que se parezcan a lobos, no tenían la misma intensidad y, según el autor, «causaron problemas porque eran demasiado buenos». En lugar de enseñar los dientes y gruñir, lo que hacían era ponerse a menear la cola y lamerle la cara a la gente, lo que rebajaba hasta tal punto el impacto de su presencia que los eliminaron de algunas escenas.

En la segunda temporada pusieron lobos de verdad, aunque en condiciones controladas. En algunas ocasiones utilizaron lobos generados por ordenador, sobre lo que Martin dijo: «Estamos obteniendo algo mucho más próximo a lo que imaginé en los libros en cuanto al tamaño y la ferocidad de los lobos, así como a la sensación de peligro que transmiten.»

En la serie el pelo de Alfie Allen es oscuro, pero en el piloto lo dejaron con las raíces de su color rubio natural; el resultado del piloto se conservó para otros momentos. Él le contaba a la revista *GQ*: «De niño tuve alguna experiencia con el arco y las flechas pero nada serio. Era muy difícil tensarlo, tío, pero es guay. Una vez le di a cuatro dianas seguidas y estaba muy orgulloso de mí mismo. Tuve que parar a mitad de la escena.»

En la realidad, el patio de Invernalia es una tienda de regalos y las criptas son una bodega de vinos.

Sophie Turner, que interpreta a Sansa Stark, decía en *winteriscoming.net* de su primer día de rodaje: «Mi primer día allí no paraba de dar grititos. Era una escena con tantos extras que yo estaba muy nerviosa con toda aquella gente, pero todos (el reparto, el equipo técnico y los extras) fueron tan acogedores, abiertos y colaboradores que me calmé y acabé sintiéndome muy a gusto, incluso delante de la cámara. Entonces me di cuenta de que quería dedicarme a la interpretación. Lo más sorprendente fue lo encantador y amistoso que fue todo el mundo. Nada más poner los pies allí sentí que formaba parte de una inmensa familia.»

Kit Harington, Richard Madden y Alfie Allen contuvieron la respiración para marcar abdominales durante la escena del corte de pelo con el torso desnudo. Además, Allen no comió durante los dos días anteriores al que estaba fijado para la grabación, así que es fácil imaginar su frustración cuando la escena se atrasó.

Acerca del hecho de trabajar con Kit, Allen dijo: «Todo el mundo se relacionaba con los demás. Una cosa que me gustaría decir es que supongo que en cualquier ámbito de trabajo siempre va a haber una o dos personas que no te caigan bien, pero en *Juego de Tronos* no ocurría. Ya sé que suena falso y un poco tópico, pero aquello era como una gran familia. Algunas cosas de la serie son graciosas, pero no graciosas por divertidas, sino porque sabes que lo que pasa no es para reírse y aun así, te ríes. Tener un buen ambiente en el set y que todo el mundo sea agradable con todo el mundo hace que esos momentos oscuros no te resulten tan duros, porque conseguimos que la oscuridad no lo invada todo. El contraste de emociones es muy interesante y me gusta interpretarlo.»

Benioff y Weiss añadieron de mala gana diálogo entre Arya y Sansa, y reforzaron las muestras de parentesco entre Jaime y Cersei después de las primeras proyecciones, porque se observó que la gente no acababa de tener clara su relación.

Cuando Mark Addy, que interpreta al rey Robert Baratheon, conoce a los niños Stark, las observaciones que les hace fueron improvisadas allí mismo por el actor. Addy le hablaba de esa escena a *thevine.com*: «Desmonto y voy hacia Ned. Hay una breve conversación y al final yo me río. Cada vez que me reía el caballo relinchaba, sin falta, así que toda aquella gente que llenaba el patio se partía de risa.»

La presentación de Tyrion fue una nueva escena añadida al piloto, porque en su primera versión no aparecía hasta más tarde, en el banquete.

La escena de la boda dothraki se vio perturbada cuando una galerna marina se llevó parte del set.

Iain Glen, que interpreta a Ser Jorah Mormont, pasó a ser conocido por el equipo técnico como «Jorah el Explorador» por todas las ocasiones de hablar que tiene.

Los huevos de dragón que recibe Daenerys acabaron siendo un regalo de bodas de Benioff y Weiss para Martin y su esposa.

En la escena en la que empujan a Bran al vacío desde lo alto del castillo, en realidad es una especialista la que cae.

ANÁLISIS POSTERIOR

Las críticas fueron casi todas positivas. Esto opinaba *IGN*: «Como con cualquier adaptación literaria, los fans se preocuparán y se preguntarán qué se quedará fuera y qué estará en la serie, pero el episodio inaugural no solo nos pasea sin ningún esfuerzo, con suma fidelidad, por todo el libro, sino que además se las arregla para captar el espíritu majestuosamente morboso de las páginas de Martin y convertirlas en emocionante televisión.»

Time Magazine dijo que el piloto era «muy distinto de muchos primeros episodios, incluso en HBO, en el sentido de que en aquel no se trataba tanto de contar una sola historia o establecer simetrías entre las subtramas argumentales, sino que, más bien, se limitaba a preparar una mesa inmensa: una gran bienvenida a Poniente que decía con todo el descaro del mundo que allí nadie está a salvo».

Por su parte, la web *Den of Geek* se entusiasmaba así: «A juzgar por la primera hora, la cadena tiene en sus manos otro éxito que no solo complacerá a los fans de la obra de Martin, sino que atraerá a nuevos espectadores, gracias a lo realista de su mundo, sus complejos personajes, y su abundancia de sexo y violencia al viejo estilo. Puede que se acerque el invierno, pero *Juego de Tronos* está aquí para quedarse.»

La audiencia del debut fue buena, pero no espectacular. Tuvo 2,2 millones de espectadores, pero al reemitirse la cifra fue casi la mitad. La tercera vez que se emitió atrajo a un millón de espectadores, aproximadamente. Comparado con los 4,8 millones del debut de *Boardwalk Empire*, la cadena HBO podría habérselo tomado como un fracaso. Sin embargo, la cadena rechazó las comparaciones porque se trataba de dos especies distintas, tanto en género como por la categoría de las estrellas, ya que el drama sobre la prohibición lo protagonizan grandes nombres de Hollywood y está respaldado por Martin Scorsese, todo un gigante del cine de gánsteres. De hecho, las cifras fueron bien recibidas porque la comparación que le cuadraba más era el *thriller* vampírico *Sangre fresca*, que empezó con solo 1,4 millones de espectadores y acabó teniendo un éxito clamoroso.

Eso y el éxito de público en el Reino Unido hizo que poco después del debut se encargara una segunda temporada. Michael Lombardo, directivo de la cadena, declaró: «Si te fijas en nuestra historia, es raro que no vayamos a una segunda temporada, especialmente en un drama como este. Estamos diciéndoles a nuestros abonados que sigan adelante. En unos cuantos casos en los que no hemos dejado que una serie siguiera una segunda temporada, nuestros usuarios nos han dicho que hagamos el favor de no tomárnoslo por costumbre. Vamos a hacer una serie, deberías engancharte a ella. Creemos en ella, estamos muy contentos con ella. Vemos que gran parte de nuestro público lo está también. Confiamos en la serie y queremos que nuestros seguidores lo hagan también.»

EL CAMINO REAL

Primera temporada, segundo episodio
Escrito por David Benioff y D. B. Weiss
Dirigido por Tim Van Patten

Presentar un mundo a escala global que sea coherente e ir incorporando un gran número de personajes de la manera más rápida y fluida posible es un problema que se encuentran muchos primeros episodios. Por desgracia, como el autor, Martin, es muy aficionado a introducir continuamente otros personajes y nuevas tramas argumentales, Weiss y Benioff se enfrentan a ese problema en casi todo los episodios.

Y, sin embargo, en el capítulo «El Camino Real», que se emitió el 25 de abril de 2011, tuvieron que enfrentarse a un reto todavía más difícil. En el primer episodio habían presentado a los Stark en Invernalia y habían apuntado que había ciertas complejidades en la familia; como que Jon Nieve, el hijo bastardo de Ned, no es el favorito de Catelyn, la madre de los otros hijos de Ned, y que Sansa, la típica adolescente, no se lleva demasiado bien con la más decidida Arya. Pues bien, después de eso, en el segundo episodio, la familia se disgrega.

Eddard Stark y sus hijas parten hacia Desembarco del Rey porque al rey Robert se le ha ocurrido que sus casas deberían unirse y la forma de hacerlo es que se prometan el príncipe Joffrey y Sansa. La expedición llega al Camino Real y las cosas se ponen feas cuando Joffrey y Sansa, que están dando un paseo a la orilla del río, encuentran a Arya peleándose en broma con el hijo del carnicero. Joffrey se ofende al ver que están atacando a la hermana de su prometida, así que empieza a cortarle la cara al aterrorizado muchacho, al que Arya defiende golpeando a Joffrey con un palo. Cuando este empieza, a su vez, a atacarla, el lobo huargo de Arya acude en su auxilio y le muerde la mano a Joffrey.

El rey llama a su presencia a Ned y los niños dan versiones contradictorias del incidente. Sin embargo, pese a que el lobo huargo de Arya ha escapado, se decreta que hay que dar muerte al animal, para horror tanto de Arya como de Sansa y el considerable deleite de Cersei. Ned se encarga personalmente de hacerlo y descubre que el hijo del carnicero ha sido asesinado. Mientras tanto, Jon Nieve ha decidido ingresar en la Guardia de la Noche y se encamina hacia el Muro acompañado por Tyrion Lannister, que, lleno de curiosidad y desesperado por ver la enorme estructura, ha decidido seguirle los pasos.

Por otra parte, en este episodio, el clan Dothraki deja Pentos y se dirige hacia el este. Viserys Targaryen está impaciente por lo mucho que deberá esperar antes de que Khal Drogo lance su ataque sobre los Siete Reinos. Daenerys hace frente a la vida con su nuevo esposo, y busca consejo sobre cómo complacerlo.

En Invernalia, mientras Bran yace inconsciente tras haber sido arrojado al vacío por Jaime Lannister, alguien intenta matarlo con una daga y Catelyn detiene el ataque contra la vida de su hijo. Poco después descubre un mechón de cabellos rubios, parecidos a los de Cersei, en la torre desde donde cayó Bran.

CURIOSIDADES

Hablando del significado de las diferencias en la indumentaria entre los Stark y los Lannister, la diseñadora de vestuario Michele Clapton explicó a *onscreenfashion. com*: «Hay grupos distintos, por ejemplo, los Lannister en el sur y los Stark en el norte, que son familias igual de importantes, así que miramos qué podíamos tener para ellos y qué era importante para su carácter. Los Lannister son muy ricos, viven en la capital y allí el poder es importante. En la costa el clima es cálido, lo que significa que hay comercio y no tienen que preocuparse de pasar frío. Tienen mucho personal de servicio, y sedas y joyas de las que les resulta fácil disponer. En la segunda temporada, a medida que Cersei va influyendo sobre la corte y reparamos en el odio que siente hacia su esposo, observamos que su estilo empieza a alterarse igual que su papel.»

Sin embargo, la vida de los Stark es muy diferente,

continuó Clapton: «No tienen tantas cosas a su disposición, y sus circunstancias son distintas porque viven en un clima frío y húmedo. Disponen de lana, cuero, pieles y algunos tintes. Tienen que pensar cómo conservar el calor y llevan esos cuellos altos recubiertos de bordados, no a modo de adorno de joyería sino en señal de estatus. La gente del pueblo utiliza una variante más sencilla de ese aspecto. Los Stark no son ostentosos, sino que son una familia que se quiere y que no intenta demostrar nada. La única que no está de acuerdo con esta manera de ser es Sansa, lo cual se nota en que su manera de vestir está influida, sobre todo, por Cersei. No obstante, a medida que progresa la historia, Sansa se va apartando de todo eso.»

La escena en la que Cersei hace frente a Catelyn con un conmovedor monólogo sobre la muerte de su hijo fue la que tuvo que representar Lena Headey en su prueba. Al comentar el episodio dijo que le parecía que de joven Cersei era muy distinta de Sansa.

Mark Addy y Sean Bean tienen un par de grandes escenas en este episodio. Addy dijo: «Estuvimos en la escuela de arte dramático al mismo tiempo, pero en cursos distintos.» Habían trabajado en la aclamada trilogía televisiva *Red Riding* y según Addy se entendieron muy bien. Lena Headey afirmó que Sean Bean le robaba constantemente los bocadillos cuando almorzaban en el set. Pese a su distancia en la pantalla, Addy también se llevó muy bien con Headey.

Para la relación sexual entre los hermanos Jaime y Cersei los fans de la serie acuñaron el término «*mellincesto*», y a los dos actores les pareció gracioso.

Durante los ensayos de la escena en la que Joffrey ataca a Arya, el actor Jack Gleeson se negó a llamar *hija de puta* al personaje de Arya, y se limitó a pronunciar el insulto solo durante la grabación porque no quería incomodar a la joven actriz.

Los lobos despertaban constantemente a los actores con sus aullidos. En la escena en la que Ned Stark ha de matar al animal, Sean Bean, que interpretaba al personaje, acabó hartándose de que una escena que hubiese debido tardar un minuto en grabarse se alargara horas porque el lobo no paraba de moverse.

Mark Addy estaba muy contento con los dos primeros episodios y la atracción de muchísimos fans que había supuesto; así explicaba cuál era la causa: «Creo que lo que ha hecho HBO es basar esto en la realidad. Es fantasía, es literatura fantástica, pero han sabido darse cuenta de que para que funcionara, y para conseguir que pudiera ser vista por cualquier persona, necesitaba contar una realidad. No puede ser "y entonces se volvió invisible". Aquí y allá hay elementos sobrenaturales y puede que alguna pizca de magia, pero eso queda en la periferia. Sientes que el tema principal de la serie está basado en una realidad.»

La morena Emilia Clarke tarda casi dos horas en transformar su pelo para el papel. Primero se lo trenzan y luego le ponen una falsa calva, que se remata con su peluca ya peinada.

Jack Gleeson le habló a *GQ* de su audición para Joffrey: «Solo hice una prueba, y los productores y los guionistas se reían de mi interpretación por lo desdeñoso y arrogante que estaba haciendo al personaje. Lo encontraban cómico y yo pensé que eso era bueno. Una gran influencia fue Joaquin Phoenix en *Gladiator*. A veces, cuando estoy sentado en el trono, me viene a la cabeza Phoenix sentado en el suyo, con aquella sonrisita en los labios. Y creo que la imagen que doy de Joffrey es bastante estereotipada. Resulta muy fácil caer en ello por la cantidad de villanos que he visto en la televisión, el teatro y las películas. No cabe duda de que Joffrey se basa en esas interpretaciones.»

Sophie Turner admite sentir pena por Gleeson, cuya aterradora interpretación no se corresponde con su personalidad en la vida real y se lo explicaba a *Vulture*: «Ojalá diera más entrevistas en televisión para que la gente pudiera ver cómo es realmente, porque todo el mundo odia a Joffrey tanto que siento que tengo que proteger a Jack. Si yo fuera él, me daría miedo que la gente se me acercara en la calle y me diera un bofetón. ¡Debería ser su guardaespaldas! La verdad es que es encantador. Después de una toma nuestra en la que se ha portado mal conmigo, viene y charlamos relajados. Es un poco irreal. Recuerdo que tuve una escena particularmente horrible con Joffrey y al acabarla vino hacia mí y me preguntó cómo me encontraba.»

ANÁLISIS POSTERIOR

Las críticas no fueron tan entusiastas como con el episodio de debut, pero el índice de audiencia fue aproximadamente el mismo que la semana anterior. Desplazar a algunos personajes fuera del registro en el que se encontraban cómodos le restó dinamismo al episodio; aun así, muchos críticos dijeron que se aguantaba.

El de *The New York Times* escribió: «Quizás habría que advertir de que a veces *Juego de Tronos* se mueve como un gran ejército a pie y a caballo que avanza con parsimonia a través de una lúgubre, inacabable y muy nublada llanura en el norte. ¡Ah, espera! Eso es precisamente lo que es y lo que están haciendo. Una vez dicho todo eso, los fans de los aclamados libros de *Juego de Tronos*, o incluso los fans de los reinos de fantasía en general, encontrarán mucho que admirar y disfrutar aquí. Es el tipo de serie, como *Perdidos*, en la que los fans pueden sumergirse tan a fondo como deseen y siempre encontrarán pistas que los llevarán a profundidades todavía mayores.»

LORD NIEVE

Primera temporada, tercer episodio
Escrito por David Benioff y D. B. Weiss
Dirigido por Brian Kirk

Dos horas de la primera temporada y por fin vemos Desembarco del Rey y a Eddard (Ned) y sus hijas que llegan allí tras su largo viaje. También tenemos el primer atisbo del Gran Maestre Pycelle, Lord Petyr «Meñique» Baelish, el hermano del rey Robert, Lord Renly Baratheon, y el jefe de la red de inteligencia del rey, Varys. Está claro que Ned es un caudillo de hombres, pletórico de nobleza y honor. Sin embargo, su papel como Mano del Rey le resulta ajeno; para desempeñarlo se necesita astucia y saber manipular los egos, no coraje.

Catelyn también llega a Desembarco del Rey y la llevan a uno de los burdeles propiedad de Meñique. Con la ayuda de Varys se descubre que la elaborada daga utilizada para intentar matar a Bran había pertenecido a Tyrion tiempo atrás.

También se nos muestra con más detalle el Muro, un prodigio que solo habíamos visto brevemente al final del episodio «El Camino Real». Asimismo nos adentramos en el Castillo Negro, que aloja a los miembros de la Guardia de la Noche, que custodian el Muro. Ser Alliser Thorne alaba sin demasiado entusiasmo las dotes combativas de Jon Nieve, pero su arrogancia y su falsa sensación de superioridad disgustan a los otros reclutas. Sin embargo, al final del episodio ha canalizado esa arrogancia para enseñarles a combatir bien.

Al otro lado del mar Angosto, Viserys empieza a ver que su plan tiene fallos y se irrita al ver que Daenerys va adquiriendo cada vez más poder y autoridad sobre los guerreros dothraki. Luego descubre que está embarazada.

El episodio termina con Arya recibiendo la primera lección de combate con espada del extravagante instructor de danza Syrio Forel, una escena relajada en la que Ned observa, entre perplejo y orgulloso, a su voluntariosa hija; no obstante, la calma la enturbia el temor de que aprender a manejar la espada no sea solo una afición, sino que lo necesite más pronto de lo que nadie podría pensar para sobrevivir.

CURIOSIDADES

Este fue el primer episodio de la serie que no dirigió Tim Van Patten. Brian Kirk iba a ser un habitual de la serie. Su trayectoria en televisión comprende títulos como *The Riches: familia de impostores*, *Brotherhood* y el drama de época *Los Tudor*. El cineasta irlandés también dirigió la película *Mi hijo Jack* (2007), que protagonizó Daniel Radcliffe.

Al empezar el episodio se ve a Ned y a sus hijas llegar a Desembarco del Rey con un tiempo espléndido, pero la noche anterior había estado lloviendo con fuerza y las sillas donde se sientan estaban mojadísimas.

Mark Addy dijo sobre Desembarco del Rey a *thevine.com*: «¡La escala de esos decorados! Eso es lo bueno que tiene poder utilizar el Paint Hall de Belfast, donde se pintaban y ensamblaban barcos enormes. En ese espacio podrías construir una ciudad entera y grabar allí.»

El episodio está dedicado a la memoria de Margaret John, que en la primera temporada interpretó a la vieja tata y murió en febrero de 2011 antes de que se emitiera. Los creadores Weiss y Benioff emitieron un comunicado: «Nos entristece profundamente saber que Margaret nos ha dejado. Era una persona entrañable y maravillosa, y estuvo absolutamente fantástica en sus escenas con Isaac. Ojalá pudiera verlas... pero las verán muchas personas y la querrán. La echaremos enormemente de menos.»

Tanto el equipo técnico como los actores se dedicaban al juego de iPhone *Fruit Ninja*, que no tardó en hacer furor dentro del set. Le echaron la culpa a Harry Lloyd, que interpreta a Viserys, de introducir aquel juego tan adictivo, y al final eran muchos los que miraban si podían conseguir la puntuación más alta.

Al comentar uno de los episodios, el actor Joseph Mawle se encargó de tranquilizar a Maisie William y Sophie Turner, ambas recién llegadas a la familia Stark, que se habían puesto un poquito nerviosas. Les dijo que si interpretar fuese tan fácil todo el mundo lo haría; así que no había por qué preocuparse si a veces las cosas se ponían un poco difíciles y para darles más tranquilidad les dijo que no se hubieran hecho con los papeles si no fueran buenas en el oficio.

El reparto se reúne constantemente para discutir sus teorías sobre quién acabará sentándose en el Trono de Hierro. Kit Harington se lo confirmó a *thevulture.com*: «¡Lo hacemos! Nos peleamos en el bar. No quiero decir que nos demos de tortas, la cosa es de lo más amistosa, pero la verdad es que nos lo tomamos bastante en serio. Todo el mundo tiene un personaje del que piensa que debería estar en el trono y si tu personaje es uno de los candidatos, en secreto crees que deberías ser tú. Tienes que ser apasionadamente leal a tu personaje.»

Otra teoría que todo el mundo debate sin parar es quién es la madre de Jon Nieve; además, muchos dudan de que Ned sea su verdadero padre. Kit Harington, que interpreta el papel, le dijo a *Vulture*: «No lo sé y ya está. George lo sabe, y Dave y Dan quizá tengan una idea, pero no me lo cuentan. Voy tan perdido como los demás. Lo que me parece interesante es que un hombre con un sentido ético tan fuerte como el de Ned Stark tuviera líos y aventuras que dieron como resultado hijos fuera del matrimonio; esa es mi única pregunta. En lo tocante a interpretar el papel, Jon no lo sabe, así que yo tampoco necesito saberlo para la interpretación. Pero eso es lo bueno de los libros: ¡cada persona tiene su teoría! Quiero decir que, bueno, incluso hay elucubraciones que afirman que Jaqen H'ghar, en el segundo libro, en realidad es el profesor de esgrima de Arya, Syrio Forel, en el primer libro.»

En los libros el instructor de Arya, Syrio Forel, es calvo, pero los productores decidieron no afeitarle la cabeza al actor Miltos Yerolemou porque su dinámico peinado ensortijado quedaba muy bien en pantalla. Maisie Williams aprendió a manejar la espada con la mano izquierda para ser como el personaje descrito en los libros. Así lo contaba a *winteriscoming.net*: «A aquellas alturas, mi mamá y mi padrastro ya habían leído el primer libro y me lo contaron absolutamente todo sobre el personaje de Arya, y también que es zurda. No es que no me permitieran leer los libros, lo que pasa es que no tengo mucho tiempo para leer, y cuando lo hago, me dedico sobre todo a cosas relacionadas con los estudios. Ellos me leían fragmentos en los que aparecía Arya. Empecé a practicar con la mano izquierda antes de que empezáramos a filmar porque quería que me saliera bien, pero no pude utilizarla todo el tiempo por los ángulos de cámara, ¡así que ahora Arya es un poquito ambidiestra!»

ANÁLISIS POSTERIOR

A pesar de los nuevos entornos y la aparición de una multitud de nuevos personajes que van a ser esenciales para la serie, el episodio se desarrolla a buen ritmo. Eso hizo que los críticos volvieran a los halagos tras la tibia acogida que le habían dispensado al episodio «El Camino Real».

Para *IGN*, «fue denso y estaba repleto de nuevos acontecimientos así como de referencias a otros anteriores, que pueden haber interesado o no a los que acaban de llegar a la historia, pero a mí me tuvieron pendiente de cada palabra».

Los índices de audiencia también apuntaban en el sentido de la recuperación. Podían presumir de un incremento del 10 % respecto a la semana anterior, lo que suponía la cuota más alta de la serie hasta aquel momento. Lo que daba más valor aún a los datos fue que se emitió justo después de la noticia en directo de la muerte de Osama bin Laden, que siguió toda la nación.

TULLIDOS, BASTARDOS Y COSAS ROTAS

Primera temporada, cuarto episodio
Escrito por Bryan Cogman
Dirigido por Brian Kirk

«Tullidos, bastardos y cosas rotas» es una frase pronunciada por Tyrion cuando Robb Stark le pregunta por qué se ha molestado en diseñar para el lisiado Bran un artilugio que le permitirá volver a caminar. «Tengo debilidad por tullidos, bastardos y cosas rotas», sonriendo porque sabe de lo que habla. El título resulta muy apropiado, puesto que el episodio, emitido el 8 de mayo de 2011 y escrito por Brian Cogman, tiene escenas dominadas por los personajes rotos de la serie. En el sentido más literal, tenemos las escenas con Bran, pero hay otras protagonizadas por los personajes marginales: Jon Nieve, el hijo bastardo de Ned; la historia de Theon Greyjoy sobre cómo su padre lo subió a un barco para mandarlo con Ned cuando lo derrotaron; la Guardia de la Noche en el Castillo Negro, repleta de marginados y hombres desesperados que buscan reclamar un lugar en el mundo.

También se presta mayor atención a la dinastía Targaryen, con una brillante escena entre Varys y una prostituta. La insolencia sigue siendo su rasgo principal, pero el actor también muestra el dolor que siente el personaje al ver que le han arrebatado de golpe el rumbo vital que se le había trazado desde su nacimiento. Él cree que debería ser rey: es su derecho y lo anhela con todo su ser, y no le importa a quién tenga que pisar para salirse con la suya.

La escena también es uno de los primeros ejemplos de *«sexposición»*; un término que se utiliza para referirse a las escenas con mucho diálogo destinado a explicar el pasado de los personajes y con un fondo de sexo y desnudos.

Otro aspecto de la historia es la trama secundaria de asesinato y misterio en la que Ned investiga la muerte de Jon Arryn. Para ello, Ned empieza a seguir algunos de los últimos pasos de Jon, con la ayuda de Meñique, y no tarda en conocer a Gendry, un joven aprendiz de herrero interpretado por Joe Dempsie, al que se había visto en *Skins*.

CURIOSIDADES

Al principio Bryan Cogman fue el ayudante de redacción de Weiss y Benioff durante el episodio piloto, pero ascendió a editor de guion y asumió la responsabilidad de investigar las tradiciones históricas relacionadas con la temporada, para asegurarse de que la serie era coherente con la mitología del libro. Entonces, de repente, le pidieron que entregara un guion para el cuarto episodio. Pensaba que solo era una prueba y que si la superaba quizá se contaría con él para escribir un episodio en la tercera o la cuarta temporada, así que cuando al día siguiente de haber entregado el manuscrito le dijeron que lo usarían, se quedó atónito.

Alfie Allen, que interpreta a Theon Greyjoy, le contó a *westeros.org*: «Tienes a tu alrededor a personas como Bryan Cogman que te ayudan a ponerte al corriente sobre las historias y las familias y lo que ha sucedido allí. Yo intento no hacerlo como si los libros fueran la única fuente de materiales. Por supuesto, ponerte el traje y todo lo demás ayuda a meterte en el personaje, pero una vez que estás en el set, lo haces y punto; sí, sé que es lo que se suele decir, pero es que es así como ocurre. No tengo ningún ritual particular. Una cosa que tienes que hacer como actor, al menos a mí me sirve, es servirte de las experiencias que has tenido en la vida y asociarlas con lo que estás haciendo en la pantalla. Puede ser completamente antinatural, por ejemplo, he hecho una película en la que me torturan y claro que no me han torturado jamás, pero he visto la escena de tortura en *Reservoir Dogs*, en la que el actor hizo un trabajo fantástico, con la desesperación en los ojos, hasta que se rompe y aun así intenta mantener el tipo. Así que eché mano de todo eso, pensé en ello y lo utilicé bastante para apoyar mi interpretación. Sí, recurro a otras interpretaciones, también, porque hay cosas que son antinaturales y no le suceden a nadie, a menos que tengas una vida muy extraña.»

Kit Harington y Bradley John-West, que interpreta a Sam, pasaron más de una hora atrapados en el ascensor del Castillo Negro, que se había estropeado. Hicieron que acudiera una enfermera al set por si sucedía algo.

En los libros, Sansa se entera de cómo acabó el Sabueso con la cara quemada porque se lo cuenta él mismo. Sin embargo, para cuadrar las escenas, en la serie se lo cuenta Meñique. A algunos fans de la saga no les gustó nada el cambio porque les parecía vital para la relación posterior entre Sansa y el Sabueso.

En la serie de televisión el Torneo de la Mano no es tan grandioso como el que se describe en el libro de Martin o en el guion original de Cogman, que detallaba el acontecimiento con escenas tan espléndidas que hubieran hecho falta centenares de extras para llenar enormes decorados e incontables lores presentando sus respetos a la reina. Al final, la limitación del presupuesto hizo que se suprimieran todas esas escenas.

Cuando matan a Ser Hugh del Valle, la reacción de Sansa y Arya es real. Las actrices no habían estado en el ensayo, así que no tenían ni idea de que su muerte iba a ser tan sangrienta.

Joe Dempsie hizo la audición para Jon Nieve, y año y medio después lo eligieron para el papel de Gendry, el hijo bastardo del rey Robert. Él lo contaba así en *Digital Spy*: «Yo no había llegado muy lejos cuando encargaron la serie. Fui a la audición para otros dos papeles, antes de que me cogieran para interpretar a Gendry. El proceso resultó muy agradable, de hecho, pese a que estás haciendo audiciones para distintos papeles, no estás pensando: "¡Dios!, ¿qué será lo que estoy haciendo mal? ¿Cómo puede ser que no consiga ninguno de los papeles? Quiero formar parte de esto, de verdad." Parecía como si los creadores, David Benioff y Dan Weiss, hubieran identificado a todas las personas con las que querían trabajar y ya todo se redujera a ver qué pieza del rompecabezas eras. Al final la cosa salió de maravilla porque un par de los papeles para los que había hecho la audición no eran, ni mucho menos, tan interesantes como acaba siendo Gentry; así que tuve mucha suerte de que se fijaran en mí. Además, en el momento de hacer el *casting*, yo no tenía el aspecto físico que andaban buscando. Se suponía que mi personaje era alto, musculoso con abundante cabellera negra, y yo no tenía ni una de esas características. Estuvo muy bien que supieran ver más allá de eso y me dieran una oportunidad de todos modos.»

Mance Rayder, el Rey-Más-Allá-del-Muro, se menciona por primera vez en este episodio.

Cogman preparó el voluminoso libro de linajes que lee Ned. También escribió apartados minuciosamente detallados de otras estirpes familiares que nunca llegaron a aparecer. Compiló el libro mediante una intensa investigación de los libros y las webs de fans.

La escena final, cuando Catelyn arresta a Tyrion, sirvió para la audición de Michelle Fairley.

ANÁLISIS POSTERIOR

Los índices de audiencia fueron más altos que los de la semana anterior, ya que alcanzaron los dos millones y medio de espectadores. El episodio también fue un éxito entre la crítica. Pese a los abundantes y largos textos expositivos, «Tullidos, bastardos y cosas rotas» fue elogiado precisamente por eso: los críticos alabaron que las grandes escenas que muestran el pasado de los personajes se encajaban con imaginación y destreza, lo que hacía de la mitología de la saga el eje central de este episodio.

EL LOBO Y EL LEÓN

Primera temporada, quinto episodio
Escrito por David Benioff y D. B. Weiss
Dirigido por Brian Kirk

Emitido por primera vez el 15 de mayo de 2011, «El lobo y el león» es el episodio en el que queda claro que Ned Stark no es bienvenido en Desembarco del Rey. Observado y manipulado, es un peón en un juego mortal que no entiende.

Sean Bean, el actor que interpreta a Ned, presenta en este episodio un aspecto de hastiado cansancio y le da a su personaje el aire del hombre que está en un lugar que no puede entender aunque se niega a renunciar a lo que cree que le pertenece por derecho propio. Desembarco del Rey no es lugar para un hombre de honor, porque las expectativas de los que viven allí son las mismas que las que tiene un ladronzuelo: para prosperar no solo se necesitan bajos instintos; además hay que ser hábil en la hipocresía y la traición.

En «El lobo y el león» se enfrenta a hombres así de arteros, porque tanto Meñique como Varys están tramando, a escondidas, un plan que afecta a Stark. Su hija Arya oye por casualidad la conversación que mantienen en un encuentro secreto en las mazmorras entre Varys y un hombre llamado Illyrio, en la que hablan de acontecimientos que ya están en marcha y de que la guerra es inevitable.

Ned se enfrenta a un serio problema, puesto que la captura de Tyrion por Catelyn Stark lo pondrá, sin duda, en una situación difícil. Tampoco le ayuda que su relación con Robert pase por un mal momento, a causa de que Ned se haya negado a suscribir su plan para asesinar a Daenerys al descubrir que espera un hijo. Robert Baratheon la quiere asesinada porque teme que su embarazo empuje a la tribu Dothraki y decida invadir Poniente.

En este episodio vemos por primera vez a Tyrion en las colinas del Valle, rodeado por el ejército de Catelyn. El diminuto Lannister comprende que la estentórea declaración hecha por Catelyn en la posada de la Encrucijada de que cabalgaría hacia Invernalia era un señuelo. No puede detenerse a admirar su astucia ya que se da cuenta de que lo llevan a presencia de Lady Arryn, hermana de Catelyn y esposa de Jon Arryn, la última Mano del Rey.

Entra en la Sala Alta de Nido de Águilas, donde Lysa Arryn y su hijo de nueve años, que sigue chupando el pecho de su madre, están recibiendo a la corte y donde ordenan que Tyrion sea encerrado en las celdas del cielo, unas mazmorras a las que les falta una pared y se abren a un enorme precipicio.

El momento culminante del episodio, y de hecho una de las escenas más potentes de toda la serie, nos muestra a Cersei y Robert charlando. La conversación pasa de la táctica a las desilusiones compartidas por la relación y muestra a Cersei en uno de los raros momentos en los que se permite bajar la guardia para decirle a Robert que siente algo por él. Robert no puede decir que ese sentimiento sea recíproco y, además, ni siquiera se molesta en fingir para no herir los sentimientos de ella, lo cual es significativo.

Al final del episodio, los hombres de Jaime Lannister abordan a Ned Stark a las puertas del burdel de Meñique y lo apuñalan.

CURIOSIDADES

El título se refiere al sello de la Casa Stark (un lobo huargo gris) y al león que sirve de sello a los Lannister.

La escena en la que Gregor Clegane decapita a su caballo se hizo combinando los efectos generados por ordenador con el trabajo de un marionetista.

La escena en la que Loras y Renly tienen relaciones sexuales no aparece de manera tan directa en las novelas. Martin se limita a aludir a ella.

El personaje de Loras Tyrell lo interpreta Finn Jones, en quien también se pensó para el papel de Jon Nieve.

Stannis Baratheon, el hermano de Robert que aparece en la segunda temporada, es mencionado por primera vez en este episodio.

Una de las escenas más fascinantes de la temporada tiene como protagonistas a Addy y Headey, como Robert y Cersei. Hablan de lo que ha ido mal en su matrimonio y lo que podría haber sido. Addy le contaba a *Access*: «Lena y yo hicimos muy buenas migas. Sentimos adoración el uno por el otro, así que fue maravilloso tener una escena en la que no le gruño que se calle y poder explorar un poquito más, desde nuestro punto de vista como actores, qué son esos personajes en un plano algo más personal que cuando actúan como monarcas intrigando. Era una escena creada por David [Benioff] y Dan Weiss. Fue fantástico tener algo así para interpretar y sondear las profundidades de quiénes son esas personas.»

El episodio está dedicado a la adiestradora de animales Caroline Lois Benoist, que murió de gripe.

ANÁLISIS POSTERIOR

El episodio mantuvo la tendencia ascendente de la serie, con dos millones y medio de espectadores en Estados Unidos, y los críticos lo recibieron bien.

Time Magazine escribió: «"El lobo y el león" es el episodio más logrado de la serie hasta el momento. La serie ha colocado las piezas en su sitio y está lista para empezar a ponerlas en movimiento. Empieza a permitir que las espadas se encarguen de hablar (con consecuencias bastante infortunadas para, al menos, un pobre caballo). Y con algunas escenas de texto notables, el diálogo va más allá de primero de Historia de Poniente para impulsar la trama hacia direcciones *muy* interesantes. La escena que me resultó más convincente, aunque no contenía ninguna revelación sorprendente, fue el fantástico momento de corazón a corazón entre Robert y Cersei, en el que se ríen de que su matrimonio —su amargo matrimonio de conveniencia— sea lo único que impida que Poniente vuelva a caer en la guerra civil. "¿Durante cuánto tiempo puede el odio mantener unida una cosa?"»

UNA CORONA DE ORO

Primera temporada, sexto episodio
Escrito por Jane Espenson, David Benioff y D. B. Weiss
Dirigido por Daniel Minahan

La reina Cersei y el rey Robert visitan a Eddard, y el rey pega a Cersei por no hacer lo que él quiere que haga.

A Bran lo atacan unos salvajes y casi lo matan, pero Theon y Robb llegan a tiempo de salvarlo y retienen a una mujer, Osha, en calidad de prisionera.

Daenerys asiste a un ritual en el que se come el corazón de un caballo semental. Le cuesta bastante al principio comerse la carne cruda, pero acaba tragándoselo entero. Después anuncia que tendrá un hijo, que se llamará Rhaego en honor de Rhaegar, el hermano que le mataron, y que será un gran conquistador.

Viserys, frustrado porque su plan no avanza y en vista de que el pueblo adora a Daenerys, decide irse e intenta robar los huevos de dragón de su hermana, pero lo detiene Jorah Mormont.

Lysa Arryn convoca a Tyrion y le exhorta a confesar sus pecados. Él insiste en que no tuvo nada que ver con el asesinato de su marido. Solicita que lo juzguen mediante combate y que su hermano Jaime sea su guerrero. Se lo deniegan y un hombre llamado Bronn, que iba con Catelyn cuando esta capturó a Tyrion, se ofrece voluntario para luchar por él y mata al hombre con el que se enfrenta, liberando así a un agradecido Tyrion.

Robert está lejos de la cacería y Ned Stark, como parte de las atribuciones de la Mano del Rey, asume el papel temporal de rey. Su primera tarea es abordar la cuestión de Gregor Clegane, que está saqueando las Tierras de los Ríos. Ordena el arresto del caballero.

Eddard finalmente descubre el secreto que mató a Jon Arryn: en el linaje de la Casa Baratheon todos los niños tienen el pelo moreno... Todos salvo los hijos de Cersei y Robert. Son rubios, porque su padre es Jaime.

Viserys se presenta borracho y furioso en un banquete en honor a su hermana. Provoca una escena al desenvainar la espada, lo que se castiga con la muerte en la ciudad sagrada. Exige su corona de oro y Khal Drogo accede. Como está prohibido sacar la espada, Drogo derrite monedas de oro y corona a Viserys con el material a medio fundir: todos lo ven quemarse vivo.

CURIOSIDADES

Jane Espenson fue guionista para *Buffy la cazavampiros*.

La escena en la que Robert se niega a aceptar un no por respuesta y obliga a Ned a convertirse en la Mano fue la última escena de Mark Addy. Sean Bean estaba enfermo de gripe en aquella escena, así que tenía que guardar cama de verdad.

A Emilia Clarke se le dijo que el corazón del caballo estaba hecho de una sustancia parecida a las gominolas, una de sus golosinas favoritas. Sin embargo, le pareció repugnante y la escena del vómito no requirió interpretación. En declaraciones a *heyyouguys.co.uk.*, Clarke decía: «¡Era como mermelada congelada! Una especie de mermelada solidificada, ¡y sabía a lejía con hilillos de pasta sin cocer! Creo que fue todo un detalle por parte de HBO darme algo asqueroso para que no hiciera falta mucha interpretación. Me parece que llegué a comerme veintiocho corazones el día de la grabación. ¡Y encima el mapa sobre el que estaba arrodillada tenía un montón de [restos], y además tenía cerca la escupidera en la que iba vomitando todo el rato [se ríe]!»

También esa era la escena favorita de la esposa de Peter Dinklage.

Se había pensado grabar las correrías de Gregor Clegane a través de las Tierras del Río, pero al final se prescindió de ellas por cuestiones de tiempo y razones presupuestarias.

Algunas de las estrellas de la serie, Peter Dinklage y Emilia Clarke entre ellas, no leyeron los libros hasta haber acabado las temporadas correspondientes.

ANÁLISIS POSTERIOR

Pese a las excelentes críticas de este episodio, fue la primera vez que bajó la audiencia. Los críticos lo elogiaron pero también censuraron la ingenuidad del personaje de Bean. *The Atlantic* escribió: «Los principios de Ned son, como siempre, admirables. Es evidente que su afán es la justicia, pero la triste verdad es que esa falta de malicia que hace de él un hombre también lo condena a ser muy poquita cosa como rey.»

GANAS O MUERES

Primera temporada, séptimo episodio
Escrito por David Benioff y D. B. Weiss
Dirigido por Daniel Minahan

El pobre Ned Stark no solo ha de cargar con el peso de saber que Joffrey no es el hijo de su mejor amigo, sino que además sabe que el padre de Joffrey es el hermano de la madre de Joffrey. También se siente consternado al enterarse de que un jabalí ha herido de muerte a Robert.

El conocimiento es poder, proclama Meñique, al que le divierte estar aconsejando a Stark. Ese no es el estilo de Ned, que decide apartar del trono a Joffrey y a su madre, pero no antes de decirle a ella que lo sabe todo.

Eso le da tiempo suficiente a Cersei para concebir su propio plan, que, básicamente, consiste en hacer pedazos el decreto de Robert por el que Ned será Protector del Reino hasta que Joffrey sea mayor. Ned, pensando que lleva las de ganar porque ha hecho un trato con Meñique, ordena a sus hombres que capturen a Cersei sin derramamiento de sangre. No tarda en comprender que Meñique lo ha traicionado.

En este episodio los Lannister preparan su batalla y Jorah Mormont detiene un intento de asesinato de Daenerys; eso hace que Khal Drogo decida mandar un ejército contra los Siete Reinos. Por su parte, Tywin va a poner en pie de guerra a su ejército de sesenta mil hombres para castigar a los Stark por la captura de su hijo Tyrion.

CURIOSIDADES

Charles Dance aparece por primera vez en este episodio. El actor dijo lo siguiente sobre su personaje, Tywin: «Creo que está dispuesto no a perdonar sino a tolerar prácticamente cualquier aspecto de la vida de su encantador e irresistible hijo, porque él [Jaime] es su ojito derecho. Es el epítome de la perfección: alto, guapo, buen guerrero y todo lo demás.

»Sin embargo, probablemente hubiera querido que su otro hijo [Tyrion] se hubiera ahogado al nacer. Solo es pequeño en estatura. Tiene un gran intelecto y mucha astucia; además es muy culto —es el único que siempre está leyendo un libro— y es un personaje extraordinario. A estas alturas, Tywin Lannister tiene que aceptar que Tyrion solo es pequeño en tamaño y no es el horrible engendro que él creía que era.»

Sobre Peter Dinklage, Charles Dance dijo: «Somos muy afortunados de poder tener a Peter Dinklage interpretándolo, porque es un actor extraordinario. Es fantástico trabajar con él. Tengo un maravilloso recuerdo de su actuación en la película *Vías cruzadas*. Es un actor fenomenal, de verdad que lo es [...]. Hay que darse cuenta de que si tienes ese tamaño en un mundo de este tamaño, debes esforzarte todavía más que otros actores. Y él tiene ese talento maravilloso que aporta a todo lo que hace. Realmente brillante, y un encanto, lo que se dice un tipo delicioso. La verdad es que tenemos mucha suerte.»

Nikolaj Coster-Waldau, que interpreta a Jaime, dijo acerca de la escena entre él y Charles Dance: «Me emocioné mucho cuando leí la escena entre Tywin y Jaime, porque la de su padre es una figura muy importante en la vida de Jaime. Probablemente es el único hombre al que teme, pero también siente por él muchísimo respeto y, como la mayoría de los hijos, quiere contar con su aprobación y su respeto. Como saben los lectores de *Canción de Hielo y Fuego*, tienen una relación con muchas caras y pensé que estaba muy bien que eso empezara a verse en la primera temporada. También porque vemos la relación con el otro hijo de Tywin, Tyrion.»

Aunque hablan de él, Tyrion no aparece en el episodio; es la única vez que eso sucede.

De Stannis se vuelve a hablar en este episodio, pero no lo conoceremos hasta la segunda temporada.

ANÁLISIS POSTERIOR

Más de 2,4 millones de espectadores vieron este episodio en Estados Unidos. Esa cifra remontaba la audiencia después de la ligera caída del episodio anterior.

El crítico de *Time* James Poniewozik dijo del episodio que era «la hora más emocionante y temáticamente rica hasta la fecha». Por su parte, en *hitfix.com* decían: «Qué episodio más impresionante (probablemente mi favorito hasta ahora, sobre todo por la manera de centrar la atención en los personajes que son malvados según la versión de la historia que da Ned Stark.»

El comentario de *IGN* fue bien sucinto: «¡Mierda, ahora sí que es de verdad!»

POR EL LADO DE LA PUNTA

Primera temporada, octavo episodio
Escrito por George R. R. Martin
Dirigido por Daniel Minahan

Aquí es donde todo se pone interesante.

Los guardias de Lannister acometen a los de los Stark en la Fortaleza Roja y los matan salvajemente.

Ser Meryn Trant y otros guardias interrumpen la clase de espada que Arya está recibiendo de Syrio Forel, quien acaba con unos cuantos hombres sin dificultad. Forel le ordena a Arya que se vaya mientras se enfrenta a Trant con una espada de prácticas, que además está rota. Todo le hace pensar al espectador que Syrio será derrotado. Arya corre, encuentra su espada, *Aguja*, y al intentar escapar atraviesa sin querer a un mozo de establo que intenta atraparla.

Han capturado a Ned y lo han encerrado en las mazmorras con Varys, que estaba de paso, como única compañía. El Eunuco asegura que sus intenciones son buenas, pero Lord Eddard Stark recela, ya que después de la traición de Meñique no confía en nadie.

La manipulación continúa en la Fortaleza. Cersei retuerce las palabras a su antojo para asegurarse de que Sansa escribe a su madre y a su hermano mayor, Robb, y les habla de la traición de su padre; un plan que Robb y su madre detectan fácilmente.

Jon Nieve ataca a Alliser Thorne porque este, al hacerse público que Ned Stark es un traidor, se ha burlado de Jon, a quien castigan a quedarse confinado en su habitación.

Los hombres del Castillo Negro tienen un nuevo problema, ya que se descubre a varios hombres de la patrulla de Benjen Stark muertos. De noche, uno de los cadáveres cobra vida y ataca al lord comandante, interpretado por James Cosmo. Robb se enfrenta al ser misterioso, que no muere hasta que no lo queman. El guardia de la noche Samwell Tarly cuenta a sus incrédulos amigos que leyó en un libro que son los Caminantes Blancos quienes devuelven esas criaturas a la vida.

Por fin asistimos a un encuentro entre Tywin y su hijo Tyrion, y, como lo será casi siempre, es bastante tenso. El Gnomo ha llevado consigo a Bronn y a algunos miembros de las tribus de las colinas. Los guerreros salvajes habían intentado matarlos, pero Tyrion reaccionó recurriendo a la labia, una vez más, para convencerlos de que lo llevaran con su padre y a cambio les prometió recompensarlos con armas para que puedan atacar el Valle y a sus gobernantes, y reclamar la tierra para sí mismos.

Tywin insiste en que deben combatir en sus filas y accede a la condición puesta por los guerreros de que Tyrion, que no sale de su asombro, debe participar en el combate para asegurar que Tywin no reniegue de su acuerdo más tarde. Tyrion todavía se queda más estupefacto cuando su padre pone a los salvajes al frente del ataque, lo que lo deja a él en una situación en la que su muerte es casi segura.

En otro lugar, se detiene una incursión que llevaban a cabo los dothraki en un pueblo, ya que Daenerys, indignada por sus salvajes ataques, les ordena que dejen de violar a una mujer. Cuando Mago, un dothraki, le comunica su contrariedad a Khal, el guerrero se emociona por el poderío y la autoridad que va adquiriendo Daenerys, pues lo interpreta como una muestra de fortaleza de su hijo todavía no nacido. Mago lo reta a combate singular y Drogo accede con desdén, burlándose de Mago, al que acaba asestándole un golpe fatal. Luego le arranca la lengua con las manos.

Drogo está ligeramente herido, pero piensa que solo es un rasguño. Daenerys insiste, sin embargo, en que lo ayude la sanadora a la que ella ha rescatado.

Sansa suplica por la vida de su padre en Desembarco del Rey y Joffrey accede a perdonarlo a condición de que lo reconozca como rey.

CURIOSIDADES

Aunque Martin llevaba muchos años escribiendo para la televisión, aquel era su primer guion en casi quince años. El trabajo le resultó fácil porque conocía bien a los personajes. Las dificultades llegaron al intentar adaptarse a un nuevo programa informático para escribir guiones.

Hay un pequeño cambio en Syrio Forel y los guardias. En los libros, se cree que ha matado a varios de ellos golpeándolos en los ojos y los huesos. Sin embargo, la serie modificó la armadura descrita en los libros, de manera que esos golpes no eran posibles, así que, en la serie, solo los hiere.

Martin conservó la escena del libro en la que el mozo de establo le pide a Arya que le saque la espada que acaba de clavarle, y no acaba de saber por qué no se usó en el episodio.

Sus jefes de la televisión criticaban a menudo a Martin por escribir guiones que eran imposibles de rodar debido a los gastos. Él hubiera querido un montaje de los banderizos del norte recibiendo al cuervo de Robb con la noticia de que se acercaba una guerra. Una de las escenas mostraría a Roose Bolton despellejando a un hombre. Razones de montaje hicieron que se prescindiera de aquella escena, Martin se dio cuenta de que probablemente habría costado la mayor parte del presupuesto de la temporada.

Martin habla de las diferencias entre libros y series de televisión, acudiendo al ejemplo de Mago, que está vivo en los libros pero muerto en la serie.

Jason Momoa, que interpreta a Khal Drogo, decía lo siguiente en *Den of Geek* acerca de su escena de acción:

«Grabé el piloto, me fui a hacer *Conan* [*el Bárbaro*], y volví y rodé toda la serie. Añadimos una gran escena que no está en el libro. Fui a ver a David Benioff y le dije: "Soy Conan. Acabo de librar diecisiete batallas de armas tomar. Me parece que deberías tener algo que demuestre que el tipo es un prodigioso señor de la guerra. Habría que poner alguna pelea." Veo películas de acción y al final no te acuerdas de si Jason Statham pegó un puñetazo o una patada; lo que recuerdas es alguno de los rasgos de carácter del personaje. Pongamos, por ejemplo, Indiana Jones, el tipo con la espada. Indiana Jones le pega un tiro; eso es lo que recuerdas de la película. El Joker en *El caballero oscuro*, cuando dice: "¿Quieres ver un truco de magia?" Eso es lo que recuerdas. Guardas en la memoria cierto tipo de golpes y yo quería hacer algo así con Drogo. Él nunca utiliza un arma, siempre va al cuerpo a cuerpo. Tiene muy malas pulgas; es como enfrentarse a un oso de espalda plateada. No lo miras a los ojos. Quería que eso intimidara. Buscaba esa sensación, algo así como "¡Ahí va, tío!, ahora sí que estoy jodido".»

Momoa continuaba explicando sus reflexiones sobre Drogo: «Soñé que quería arrancarle la lengua a aquel tío y sacársela por el cuello, y pensé que aquello resultaría impresionante. Así que hice que mi sueño se volviera realidad. Lo hicimos. Dije: "No hace falta que fabriquemos una lengua. Puedo limitarme a sostener una pechuga de pollo cubierta de sangre o algo parecido".»

El actor estuvo encantado cuando aceptaron su propuesta: «Hicieron un cuello entero con su lengua. En la escena estoy peleando con el tipo; él se tambalea y hace eses, y yo hablo en lengua dothraki. Él me suelta: "Primero tienes que matarme", y yo le replico: "Ya lo he hecho." Hicieron que aquello se convirtiera en realidad. Fue magnífico ser uno más de todos esos grandes artistas y escritores. Éramos libres para crear el personaje que quisiéramos.»

La escena en la que Tywin, interpretado por Charles Dance, aparta la copa de vino alejándola de la mano de Tyrion fue una improvisación del actor.

El episodio estaba dedicado a Ralph Vicinanza, el agente literario que gestionaba los derechos en lenguas extranjeras de Martin. Él fue quien les recomendó los libros a Benioff y Weiss y llevó las negociaciones con HBO. Vicinanza murió durmiendo, a causa de un aneurisma cerebral, unos días después de que HBO diera luz verde a la serie.

ANÁLISIS POSTERIOR

El episodio lo vieron casi tres millones de espectadores, un récord de la temporada.

Por este capítulo Michele Clapton, diseñadora de vestuario, y la supervisora de vestuario Rachael Webb-Crozier fueron nominadas en el año 2011 a un premio Emmy en la categoría de vestuario para una serie de televisión, pero perdieron ante *Los Borgia*.

BAELOR

Primera temporada, noveno episodio
Escrito por David Benioff y D. B. Weiss
Dirigido por Alan Taylor

Emitido el 12 de junio de 2011, el episodio «Baelor» conmocionó a los espectadores recién llegados a la serie, a causa de la muerte de Lord Eddard Stark.

Al espectador se le induce a creer que Ned ha escapado a su destino después de que lo visite Varys, una vez más, y le ruegue que declare su lealtad al rey y a Cersei, quien le permitirá pasar el resto de su existencia como un miembro de la Guardia de la Noche si declara que es leal. No obstante, Ned rechaza tales peticiones y Varys hace un último intento diciéndole que piense en sus hijos; eso parece que lo conmueve más.

Mientras tanto, Daenerys tiene sus propios problemas: su amado Drogo se resiente de la herida infectada que le causó uno de sus guerreros. Daenerys ordena a la esclava sanadora que le salve la vida, aunque tenga que usar la magia negra.

En otro lugar, Robb burla al ejército de los Lannister. Captura a Jaime y se lo lleva en calidad de prisionero.

De nuevo en Desembarco del Rey, llevan a Stark ante la corte, donde ve a su hija cerca de la estatua del Gran Septo de Baelor. Le grita el nombre Baelor a Yoren, un guardia de la noche, y le indica por señas dónde está su hija. Ned confiesa el crimen que le atribuyen, pero Joffrey contraviene los deseos de su madre y ordena que sea decapitado.

CURIOSIDADES

Sean Bean hablaba de su muerte en *AccessHollywood. com*: «Los deja conmocionados a todos; a todos, salvo a ese muchachito que está sentado en el trono, claro. Yo pensaba que era un final muy dramático, hacer que lo maten. Me extrañó mucho porque se suponía que interpretaba al protagonista y lo mataron sin más. Puedes interpretarlo intentando caer simpático pero sabes que van a rodar cabezas, así que, como Ned, pensé: "Bueno, mirad, he tenido que claudicar para salvar las vidas de mis hijos." Era una escena maravillosa para ocupar toda la pantalla y llenarla con aquel discurso. Sé que las circunstancias son más bien trágicas, pero interpretar ese papel resulta de lo más emocionante.»

La competición de bebida entre Tyrion, Bronn y Shae (la puta de Tyrion) se añadió al argumento de la serie, ya que no está en el libro.

Martin dijo de la actriz alemana Sibel Kekilli, que interpreta a la prostituta Shae: «Hay muchas jóvenes hermosas que servirían para el papel de Shae, pero el personaje tiene otra faceta. No está tan endurecida ni tiene tanta práctica como una profesional experimentada. Sigue habiendo en ella algo de la vecina de al lado, una sensación de vulnerabilidad, picardía y, sí, inocencia. Todas nuestras Shaes eran puro fuego. Pero solo algunas captaban esa otra cualidad, quizá tres de entre veinte, y Sibel fue la que mejor la captó. Viendo aquellas audiciones, cualquier hombre con algo de sangre en las venas querría acostarse con una de nuestras candidatas al papel de Shae, pero Sibel hacía que también te enamoraras de ella.»

ANÁLISIS POSTERIOR

«Baelor» tuvo 2,7 millones de espectadores, con lo que casi igualó el máximo de la temporada hasta entonces, que se había alcanzado la semana anterior. Un crítico del blog de ciencia ficción y fantasía *Suvudu* dijo:

«Sin duda es mi episodio favorito en lo que llevamos de temporada. Todo se acoplaba de maravilla en una hora de televisión realmente gloriosa: gran guion, interpretación excepcional, una banda sonora que cobra vida repentinamente como no lo había hecho hasta entonces y la consumada dirección de uno de los mejores directores de televisión.»

FUEGO Y SANGRE

Primera temporada, décimo episodio
Escrito por David Benioff y D. B. Weiss
Dirigido por Alan Taylor

Es el último episodio de la primera temporada y transcurre deprisa, sin darles ocasión a los fans de recuperarse de la muerte de Ned Stark.

Yoren se lleva a Arya, la hija de Ned, y le corta el pelo para que pueda pasar por un chico y los Lannister no detecten su presencia. Llenos de pena por su muerte, Catelyn y Robb se reúnen y juran vengarse de los Lannister.

El rey Joffrey continúa mostrando su veta violenta: ordena que le arranquen la lengua a un bardo que ha escrito una canción ofensiva sobre su familia. Después le enseña con regocijo a Sansa la cabeza decapitada de su padre.

Tywin Lannister reconoce de mala gana la destreza estratégica de Tyrion y le ordena que sea Mano en funciones del rey Joffrey mientras él esté fuera.

Jorah Mormont le dice a Daenerys que su hijo ha muerto durante el parto y que su querido Drogo está agonizando. Por eso ella lo mata en un acto de misericordia y construye una pira para quemarlo. Se mete entre las llamas con los huevos de dragón y sobrevive milagrosamente; los dragones han salido del huevo.

CURIOSIDADES

La cabeza de Ned aparece al principio para que los espectadores sepan que ha muerto.

Weiss dijo: «Muchos espectadores tuvieron una reacción negativa: Ned no podía estar muerto. Sin embargo, en el décimo episodio dejamos claro que sí lo estaba. Y debatimos mucho acerca de cuántos fotogramas tenían que mostrar la espada en el cuello.»

Sean Bean, que interpretaba a Ned, dijo que, cuando leyó el libro de Martin, la muerte de Ned Stark lo dejó tan conmocionado como a cualquiera. Así lo contaba en una entrevista que le hizo *New York Magazine*: «Era una reproducción de mi cabeza. Yo la sostenía por uno de los extremos, lo que era una sensación verdaderamente inquietante, sostener así mi cabeza y mirarla. ¡Pesaba mucho, igual que una cabeza de verdad!»

Benioff y Weiss se las vieron y se las desearon para explicarse tras reconocer que, efectivamente, una de las cabezas junto a la de Stark era una reproducción protésica de la de George W. Bush. Dijeron por activa y por pasiva que no la habían buscado y que no era una toma de posición política y que habían tenido que usar todas las cabezas que encontraron, sin más.

Aquello levantó mucho revuelo y tanto Benioff como Weiss intentaron distender el ambiente: «En la serie empleamos gran cantidad de prótesis de muchas partes del cuerpo: cabezas, brazos, etc. No podemos permitirnos el lujo de hacerlas todas a propósito, sobre todo en escenas en las que necesitamos muchas; así que las alquilamos en lotes. Tras acabar de grabar la escena, alguien nos señaló que una de las cabezas se parecía mucho a George W. Bush y en el comentario del DVD lo mencionamos aunque no deberíamos haberlo hecho. No pretendemos faltarle al respeto al anterior presidente y pedimos disculpas si algo de lo que dijimos o hicimos sugiere lo contrario.»

Parece que la cadena HBO estaba furiosa y emitió este comunicado: «Quedamos consternados al verlo, y nos parece inaceptable, irrespetuoso y de muy mal gusto. Se lo hemos dejado claro a los productores ejecutivos de la serie, que se disculparon inmediatamente por este descuido cometido sin ninguna intención. Lamentamos que sucediera y haremos que se elimine de cualquier futura producción en DVD.»

Benioff y Weiss revelaron que vieron a más de doscientas actrices para el papel de Arya. En una entrevista dijeron: «Estamos acostumbrados a ver que en las series de televisión, en las películas y en historias como esta, los papeles infantiles son marginales y no tienen mucho que decir. Incluso aunque sean un personaje importante, se limitan a actuar como criaturitas inocentes. En los libros de George los niños son muy distintos. Los tres niños de los Stark desempeñan un papel asombrosamente importante y cada uno toma una dirección distinta. En la mayor parte de su vida sus padres no están y ellos van siguiendo sus propias tramas argumentales. Así que era fundamental encontrar a los niños adecuados; por eso estábamos muy preocupados. En Hollywood ves a muchos niños.

Son adorables y están muy preparados, y ya tienen tics muy trabajados, pero no hay nada que parezca real en ellos. Queríamos niños que dieran la sensación de ser de verdad porque tenían que actuar en escenas muy difíciles en las que iban a sucederles cosas horribles a miembros de su familia e incluso los torturarían. Y esos tres niños cumplieron, incluso más de lo que podíamos imaginar.»

A Marillion, el bardo, lo mutilan en el tercer libro, pero decidieron adelantarlo a este episodio para mostrar el lado maligno de Joffrey.

Una de las grandes escenas del último episodio es cuando Yoren le corta el pelo a Arya. La joven actriz que interpreta a Arya, Maisie Williams, llevaba una peluca para la escena y tuvo que aguantar con ella cinco o seis tomas: el equipo de producción le cosía las piezas capilares para que se las quitaran en la toma. Estaban hechas de pelo sintético para poder romperlas con más facilidad. En la segunda temporada, Williams se cortó el pelo de verdad.

ANÁLISIS POSTERIOR

Más de tres millones de espectadores vieron el episodio: el más visto de la temporada. Las críticas fueron positivas sin excepciones, sobre todo para la escena final en la que aparece Daenerys. Les había prometido a los fans que en la segunda temporada les esperaba algo muy bestia. *IGN* dijo: «Si a alguien se le ocurre una manera más alucinante de acabar las cosas que una guapa joven desnuda cubierta de ceniza humeante, con tres dragones recién nacidos trepando por ella, entonces me comeré mi yelmo de hierro.»

EL NORTE NO OLVIDA

Segunda temporada, primer episodio
Escrito por David Benioff y D. B. Weiss
Dirigido por Alan Taylor

El 1 de abril de 2012 empezó el primer episodio de la segunda temporada, con los fans pendientes del televisor mientras la guerra se hacía presa de los Siete Reinos.

Es el Día del Nombre del rey Joffrey y se celebra un torneo para conmemorarlo. Sansa está a su lado, asumiendo su papel de mujer dócil.

Tyrion hace notar su presencia y le notifica a su sobrino que será su Mano, lo que no le hace ninguna gracia a Cersei. Tyrion oculta a su amante, Shae, en la Fortaleza, ya que su padre le ha prohibido que vea a prostitutas.

El espectador conoce por fin a Stannis Baratheon y a su controvertida consejera, Melisandre, una hechicera del fuego. Él cree que es el legítimo heredero al trono y se está preparando para la invasión de Desembarco del Rey. También está el Rey en el Norte, Robb Stark, quien pide que sus hermanas sean puestas en libertad a cambio de la entrega de Jaime, su prisionero Lannister, sin saber que a Arya no la tiene cautiva el rey. Renly Baratheon también expone sus pretensiones de ocupar el trono.

Los rumores de que Joffrey no es realmente hijo de Robert, sino el producto de una relación incestuosa entre Cersei y Jaime, se han propagado por todo Poniente. Joffrey da la orden de matar a los bastardos de Robert, entre ellos, en una escena aterradoramente brutal, un niño pequeño. Uno de esos bastardos, Gentry, ha abandonado la ciudad para unirse a la Guardia de la Noche, junto con Arya, que se hace pasar por un chico.

En cuanto a Daenerys, tras la muerte de Drogo tiene menos seguidores y, además, tiene que hacer frente a la falta de comida, por lo que continúa buscando un lugar donde cobijarse con los que le son leales.

CURIOSIDADES

A Carice van Houten se le pidió que hiciera una prueba para otro papel en la primera temporada antes darle el de Melisandre, pero no le encajaba en la agenda y no pudo ser.

Weiss admitió que se habían desviado del segundo libro, pero «porque en el libro hay un montón de personajes que no tienen mucha acción. La mayoría de los cambios se hicieron para mantener la atención sobre los personajes que son de verdad importantes». Benioff añadió: «Estamos adaptando *Canción de Hielo y Fuego*, así que introdujimos elementos de *Canción de Espadas*. No pensamos en esta temporada como una adaptación estricta de *Choque de Reyes*; en realidad es la continuación de nuestra adaptación de la saga como un todo. Para nuestros propósitos, avanzar ciertas cosas ayuda mucho y atrasar ciertas cosas nos facilita la tarea.»

El presupuesto de la segunda temporada aumentó. Benioff le dijo a *Entertainment Weekly*: «Esta temporada va de un país en guerra. Y nos pareció que, si no veíamos en pantalla la batalla más importante de toda esa guerra, estaríamos siendo injustos con los espectadores.» Weiss añadió: «Que yo sepa, no se ha contado nunca en una serie televisiva de ficción una historia de esta dimensión. Hay muchísimos personajes, ubicaciones y tramas argumentales, y bastantes cosas que son atípicas en televisión, y todo está justificado. Sería posible hacer esta serie, con relativa facilidad, con el doble de dinero del que teníamos y que tras un par de grandes temporadas se desmoronara bajo su propio peso y dejaría de existir. Fuimos a pedir más dinero, una suma considerable, para poder grabar las escenas de la batalla. No conseguimos todo lo que queríamos, pero la cosa [la conversación con HBO] no iba de "¿Atraerá esto más espectadores? ¿Va a hacer que suban los índices de audiencia?". En realidad la cuestión era por qué la historia necesitaba aquella gran batalla. Y por eso tuvimos una larguísima conversación sobre cómo la segunda temporada se encamina hacia ello [una secuencia de batalla].»

ANÁLISIS POSTERIOR

Como era de esperar, siendo el episodio que inauguraba la segunda temporada, la audiencia fue la mayor hasta aquel momento: 3,8 millones de espectadores frente a la pantalla en el estreno; con las emisiones repetidas la cifra casi llegó a doblarse.

LAS TIERRAS DE LA NOCHE

Segunda temporada, segundo episodio
Escrito por David Benioff y D. B. Weiss
Dirigido por Alan Taylor

Emitido el 8 de abril de 2012, en «Las Tierras de la Noche» la serie volvió a su mejor registro de conspiraciones políticas, ya que el episodio muestra a varios gobernantes que urden sus planes, ya sea para invadir Desembarco del Rey, ya sea para protegerlo. Ser Davos, la mano derecha de Stannis, busca ayuda para reforzar su ejército; Robb Stark envía a Theon a las Islas de Hierro, donde se crio, en un intento de conseguir una alianza; y Cersei y Tyrion intentan resolver sus diferencias por el bien del trono.

Los intentos de Tyrion de mantener en secreto la presencia de Shae en la Fortaleza Roja no lo consiguen durante mucho tiempo. No debería sorprender que quien la descubra sea Varys, que se felicita porque está convencido de que acaba de sacarle ventaja a Tyrion; pero la Mano en funciones empieza a demostrar que él también tiene cierta destreza en el engaño y la manipulación.

La suposición de Theon de que su padre le dará la bienvenida con una jubilosa celebración es infundada. Su padre había intentado rebelarse contra Robert y cuando lo derrotaron, puso a su hijo Theon al cuidado de Ned Stark y se prometió que no volvería a hacer nada semejante.

Ned crio bien al chico y cuidó de él, por lo que Theon se debate interiormente sobre qué dirección debe tomar su lealtad, un dilema que lo atormenta.

Jon Nieve y otros miembros de la Guardia de la Noche se refugian unos días en la granja Craster durante su expedición hacia Más Allá del Muro. Nieve descubre que Craster se sirve de sus hijas como esposas y entrega los hijos que engendran a los Caminantes Blancos.

CURIOSIDADES

La fantasía desempeña un papel más importante en la segunda temporada que en la primera. Así, Weiss observó: «Nos mantenemos dentro de los límites de lo verosímil. Suceden cosas sobrenaturales pero son lo suficientemente escasas como para que sigan resultando asombrosas. Cuando llega la siguiente, las raíces que has echado en la historia ya son lo bastante profundas para que no te arranque de cuajo de ella.»

Liam Cunningham, que interpreta a Davos, no apareció en la primera temporada pero la estudió. Así se lo contaba a *SFX*: «No tuve que pensármelo dos veces. Cuando dispuse de los diez DVD, dije que vería dos al día durante cinco días. Como sabe cualquiera que conozca la serie, en cuanto pones el primero, bueno... Me tragué seis de una sentada y me fui a dormir alrededor de las cinco de la madrugada. En cuanto me levanté, vi los otros cuatro. Así que los vi todos en unas catorce horas. No fue difícil, es televisión estupendamente concebida. Es inteligente, aunque provocativa, va directa al grano, un placer para la vista y, también es cierto, para formar parte de ella.»

Explicando lo que opinaba de saber por adelantado cuál iba a ser el destino de su personaje Cunningham le dijo a *SFX*: «No soy tonto. Quiero saber que no me van a matar en el segundo episodio y ese tipo de cosas, pero la verdad es que no quiero seguir de cabo a rabo su trayectoria a través de los libros. Es un gran personaje y me lo paso bien con lo que hace. A veces, es mejor no saber lo que va a pasar. Davos es un personaje que marca un punto de vista, así que a menos que esté de pie en segundo término cavilando, lo cual estaría descrito en el libro, hay que marcar bien dónde está ese hombre en la escena y hacer que interaccione con los otros personajes. Así es como me tomo el personaje: estoy interpretando el guion, no los libros. Espero con impaciencia el momento de leerlos cuando por fin me den descanso, ocurra cuando ocurra eso.»

Se podía pensar que en la segunda temporada Emilia Clarke iba a echar de menos trabajar con Harry Lloyd y Jason Momoa, que interpretaban a Viserys y Khal, respectivamente. Ella lo confirmó: «Sí, enormemente. La otra noche Harry vino a las proyecciones de los episodios uno y dos de la segunda temporada, y quedó muy a menudo con Jason. Es muy triste estar en el set sin ellos, pero, en cierto sentido, eso alimenta a mi personaje porque para ella también resulta triste. Todo lo que sientes como intérprete puedes invertirlo en la actuación; o sea, que me sirvió, pero, al mismo tiempo, era un set como más apagado.»

Gemma Whelan, que interpreta a la hermana guerrera de Theon, dijo de su prueba: «Fui a otra audición, pero me dijeron que yo iría bien para esa otra cosa llamada *Juego de Tronos*. Contesté que era interesante, pero no sabía nada de la serie. Y entonces a la semana siguiente fui a mi primera audición; ya había visionado algo y había visto momentitos de Alfie [Allen, que interpreta a Theon] y alguna cosa más. Pero no sabía en qué me estaba metiendo hasta que fui a aquella prueba y vi lo emocionante que podía llegar a resultar esto. Tuve que fingir que estaba dando placer a un hombre sentado en una silla.»

ANÁLISIS POSTERIOR
Juego de Tronos continuaba proporcionando grandes cifras: llegó a los 3,8 millones de espectadores. El éxito complació a los jefes de HBO, que renovaron la serie

para una tercera temporada poco después de que se emitiera el segundo episodio.

Al mismo tiempo, se despertó de nuevo la controversia sobre el contenido sexual de la serie. Muchos críticos se preguntaban si de verdad hacía falta semejante cantidad de desnudos. *SFX* escribió: «Esta semana nos han obsequiado con la sórdida realidad entre bastidores dentro de un burdel en Desembarco del Rey y con una cabalgada entre hermano y hermana que era incorrecta se mire por donde se mire. Sería para vomitar si no fuera tan entretenido. Como era de esperar, *Juego de Tronos* continúa intrigando y provocando a partes iguales.»

LO QUE ESTÁ MUERTO NO PUEDE MORIR

Segunda temporada, tercer episodio
Escrito por Bryan Cogman
Dirigido por Alik Sakharov

Jon Nieve recibe una reprimenda del lord comandante Jeor Mormont, que lo encuentra espiando a Craster. Cuando Jon le cuenta que Craster está entregando sus hijos pequeños como sacrificios a los Caminantes Blancos, Mormont admite que lo ha sabido todo el tiempo.

La preocupación de Renly por tener que consumar su matrimonio con la reina Margaery se desvanece cuando ella le dice que sabe que está enamorado de su hermano y que le da igual. Lo único que quiere es ser la reina y engendrar un heredero, y no le importa que él sea homosexual.

Theon sigue siendo menospreciado por su padre y su hermana Yara. No da crédito cuando le dicen que solo puede coger un barco para hacer pequeñas incursiones, mientras que su hermana está al frente de treinta naves.

Con un coraje que ni él sabía que tenía, Theon le reprocha a su padre que lo abandonara. No obstante, hacia el final jura lealtad a su familia y quema la nota que iba a mandar a Robb para advertirlo de los planes de su padre.

Tyrion demuestra que él sabe sobrevivir entre los grandes poderes en Desembarco del Rey. Organiza por su cuenta una astuta manipulación: le cuenta a Pycelle, Meñique y Varys historias que se contradicen entre sí con la esperanza de que todas lleguen a oídos de Cersei. Así Tyrion descubre que Pycelle es el topo y hace que Bronn lo arreste.

A Yoren lo matan los soldados de los Lannister cuando se niega a entregar a Gendry mientras conducía al grupo de hombres (y a Arya) con la Guardia de la Noche. Arya los engaña para que piensen que han matado a Gendry, pero los capturan a todos y los llevan a un castillo cercano.

CURIOSIDADES

El título del episodio sale de una expresión propia de las Islas del Hierro.

El libro nunca llega a confirmar que Renly y Loras sean amantes. Martin se limita a dar a entender que los dos hombres son novios. Sin embargo, a partir de este capítulo, el autor confirma que tienen una relación.

Bryan Cogman reveló que Ros, a la que no se menciona en los libros, llegó a formar parte del mundo de

Juego de Tronos: «Eso fue un extra de David y Dan. En los libros no existe. En el piloto Ros era prostituta pelirroja número 1. En el original [del guion], Tyrion estaba en un burdel en Desembarco del Rey, lo que le servía para presentar a Jon Arryn y dar algo de información sobre él. Por razones presupuestarias en el piloto, no pudimos grabar Desembarco del Rey ni siquiera con decorados, así que lo que se ve es que Tyrion se ha escapado de un desfile real y busca el burdel de Invernalia... Ros, la prostituta, salió, más o menos, de esa historia.

»Para la segunda temporada, en el libro hay un personaje llamado Alayaya, que al final no conservamos. Sabíamos que Ros se encargaría de desempeñar la función de Alayaya en la última parte de la temporada, cuando Cersei cree tener a la novia de Tyrion pero a quien tiene es a Ros y no sabe quién es. Eso ya lo teníamos ubicado, tiene gracia, es una de esas cosas que suceden por causalidad. Mientras estás planeando la temporada vas encontrando otras maneras de reflejar los hechos que tienes en mente y los personajes que los encarnan.

»En el segundo libro, Tyrion nos indicó el camino que teníamos que seguir al decir que deberían contratar los servicios de unas cuantas prostitutas para Joffrey para que así se calmara un poco. Enseguida pensamos que teníamos que ver esa escena. Lo que acabó saliendo fue esa escena escalofriante, de las más fuertes de la serie, en la que Joffrey, para satisfacer sus más rastreros instintos, obliga a Ros y Daisy a maltratarse mutuamente. También incorporamos a la serie la rivalidad entre Meñique y Varys. Ros parecía ser la persona perfecta para que Varys infiltrara a alguien en el entorno de Meñique. Ella acude a Meñique, confía en él, cree que hay cierta compenetración entre ellos y, entonces, se despierta a la cruda realidad sobre quién es ella y quién es a los ojos de Meñique.»

ANÁLISIS POSTERIOR

El episodio igualó los 3,8 millones de espectadores de la semana anterior y consolidó el estatus de *Juego de Tronos* como una de las grandes series de televisión. *Hitfix.com* lo comentó así: «Es una temporada de muchos reyes y muchos dioses, todos en lucha por el poder, y con mucho debate sobre qué es lo que define realmente al poder. Como no he leído los libros, no tengo ni idea de hacia dónde se encamina todo eso, pero tengo la sensación de que vamos a ver qué es lo que de verdad rige los designios de Poniente. En este episodio se ve a las claras dónde está el poder.»

JARDÍN DE HUESOS

Segunda temporada, cuarto episodio
Escrito por Vanessa Taylor
Dirigido por David Petrarca

En medio de tanto enfrentamiento interno y tantas puñaladas por la espalda, en este episodio hay un intento de alcanzar la paz y la amistad. Naturalmente, el intento acaba en fracaso.

Catelyn espera persuadir a los hermanos enfrentados, Renly y Stannis, de que alcancen una tregua y se enfrenten a los Lannister juntos, pero ambos se niegan, y juran combatirse mutuamente por su derecho a derrocar al rey.

Daenerys intenta encontrar refugio para su gente y los lleva a la extravagante y opulenta ciudad de Qarth. Tras sus líderes suntuosamente ataviados y su gloriosa arquitectura mora el peligro; no en vano la ciudad es famosa por los brujos que residen allí. Pero Daenerys está desesperada y suplica que la dejen entrar.

Tyrion, temiendo que su cruel sobrino esté empeorando a la vista de que ha tenido que impedirle atacar a Sansa, decide sorprenderlo con dos prostitutas. Joffrey saca su veta sádica y hace que una de las chicas, Ros, golpee salvajemente a la otra.

A Arya y Gendry los llevan a Harrenhal, donde los encierran en las mazmorras; allí esperan a que los torturen haciendo que una rata se pasee por su pecho, como castigo y para sacarles información. Pero Tywin llega justo cuando le toca a Gendry y les suelta una severa reprimenda a sus hombres por desperdiciar vidas cuando es posible aprovecharlas mejor. También se da cuenta rápidamente que Arya es una chica que finge ser un chico, pero no la reconoce como una Stark. Cuando le pregunta por qué lo hace, ella le dice que es menos peligroso andar por los caminos si pareces un chico.

Tywin queda impresionado por su agudeza y le da el trabajo de copero. Lo que no sabe es que así Arya tiene acceso privilegiado a los planes de Tywin, tanto dentro del campo de batalla como fuera de él. Eso también le permite al espectador atisbar dentro del mundo de Tywin a través de los ojos de alguien más.

El episodio termina con Melisandre y Davos remando, por orden de Stannis, en unas cuevas próximas al campamento de Renly. Melisandre revela que está embarazada casi a término y no tarda en dar a luz una criatura hecha enteramente de sombras, que Davos mira con horror.

CURIOSIDADES

El propio autor, Martin, ha dicho acerca de la serie: «Me gusta que David [Benioff] y Dan [Weiss] estén haciendo una adaptación fiel de modo que, cuando las escenas son escenas de los libros, me gustan. Y también me gustan casi todas las nuevas, las que no están en los libros, las escenas que han añadido David y Dan y los otros guionistas. Lo único que echo en falta son escenas que se quedan fuera, que están en los libros pero no en la serie de televisión y que me gustaría que se hubieran incorporado.»

La escena de Joffrey dio lugar a un encendido debate en Twitter sobre si Ros se ve obligada a sodomizar a Daisy con un cetro rematado por una cabeza de ciervo o a golpearla con él.

Esmé Bianco, que interpreta a Ros, enseguida aclaró al *Daily Beast*: «Lo que desapareció del montaje final fue que yo la estaba golpeando y ves el cetro bajando [con] sangre en el extremo... [en realidad] le estaba dando a una almohada. Tenía que atizarle con todas mis fuerzas y al final rompí el cetro. Volvían a pegarlo porque se le desprendían las astas.

»Da igual qué grado de poder crea cualquiera de los personajes que ha alcanzado: siempre hay alguien que está dispuesto a causar su caída. Es la única vez que vemos a Ros allí donde su atractivo sexual no le sirve de nada ni la saca de aquella situación. La escena no va de ella como prostituta; va de ella como una persona más a la que Joffrey va a humillar.»

ANÁLISIS POSTERIOR

Los índices de audiencia bajaron un poco, pero predominaron las críticas positivas. No obstante, *The Guardian* recriminó el grado de violencia: «Ha sido un episodio excepcionalmente violento. Se ha visto una muerte provocada por un lobo huargo; una amputación de pie muy explícita; la humillación continuada de Sansa, desnuda y golpeada por orden de Joffrey; la brutal flagelación de una prostituta, de nuevo, por orden de Joffrey; dos escenas de tortura (una, interrumpida); un par de bofetones; varios cadáveres y un (ligeramente exagerado) juramento de sangre en Qarth.»

EL FANTASMA DE HARRENHAL

Segunda temporada, quinto episodio
Escrito por David Benioff y D. B. Weiss
Dirigido por David Petrarca

El episodio anterior acaba con Davos llevando a Melisandre a la costa en una misión secreta y viéndola parir un monstruo hecho de sombra.

Al principio de este episodio vemos que mata a Renly sin más contemplaciones. Su nueva guardia, Brienne, es falsamente acusada del crimen y huye con Catelyn, quien por casualidad ha visto morir a Renly a manos de la magia oscura.

En este episodio, Tyrion continúa con sus astutas maquinaciones para sacarle ventaja a su hermana y descubre que ella está sustrayendo grandes cantidades de la poderosa sustancia inflamable conocida como fuego valyrio. Él concibe su propio plan con la mortífera sustancia.

A Theon se le ocurre un plan para demostrar a su padre que puede ser un auténtico líder y adueñarse de su antiguo hogar: Invernalia.

Arya Stark se encuentra con un hombre misterioso al que había salvado anteriormente. Se trata de Jaqen H'ghar, del que después sabremos que es un Hombre sin Rostro, miembro de un misterioso grupo de asesinos. Como Arya le salvó la vida, Jaqen le concede algo a cambio: matará a tres personas que ella elija. Arya elige al primero: el torturador.

CURIOSIDADES

Alfie Allen, como Theon, fue víctima de unas cuantas bromas pesadas: «Ah, sí, resulta que me entregaron el guion en el que se dice que Bran me mata en Invernalia. La gente [de la serie] esperaba de mí que dijera: "Un momento, ¿voy a morir?" Pero esa no fue mi reacción. En realidad me pareció que era estupendo; estaba muy bien escrito. Me encontraba de vacaciones en Ibiza cuando David y Dan me llamaron para preguntarme cómo me lo había tomado. Yo les contesté que la mar de bien, pero creo que esperaban que tuviera una reacción más intensa; entonces me dijeron: "Hemos tenido esta otra idea. Queremos que seas un zombi. ¿Te parece bien? Nos gustaría que fueras un zombi sin absolutamente nada de diálogo." Yo respondí: "Vale, bien, de acuerdo, si es lo que queréis, tíos, sin problema, adelante con ello", porque me siento tan feliz y tan afortunado de estar en esta asombrosa serie que no voy a tener una rabieta o a decir que ni hablar. Está claro que si me parece que algo no le cuadra a mi personaje, lo diré alto y claro, pero son unos guionistas tan formidables y tienen tan buen ojo que todo lo que escriben, incluso el guion de broma, es perfecto.»

ANÁLISIS POSTERIOR

Los jefes de HBO estuvieron de celebración tras este episodio porque la serie obtuvo su mayor audiencia hasta aquel momento: más de 3,9 millones de espectadores. Había tardado un poco en arrancar, como predijo la cadena y, tal como dijeron, de boca en boca fue aumentando la audiencia.

La crítica del *Telegraph* lo llamó «el típico episodio de la mitad de una serie. Dejando aparte la espectacular muerte de Renly, la mayor parte de la acción es más una exposición que acción vibrante».

LOS DIOSES ANTIGUOS Y NUEVOS

Segunda temporada, sexto episodio
Escrito por Vanessa Taylor
Dirigido por David Nutter

Este apasionante episodio empieza por todo lo alto: Theon Greyjoy ha tomado Invernalia, y el maestre Luwin —ayo de los jóvenes Stark y un miembro leal de la familia y de Invernalia— manda desesperadamente un cuervo mensajero para prevenir a Jon Nieve acerca del ataque de su antiguo amigo. El joven Bran y Luwin le piden a Theon que piense lo que va a hacer, y Theon promete que nadie morirá si Bran se rinde. Este cumple la condición, pero Rodrik Cassel le escupe a la cara a Theon y el hombre de hierro, Dagmer Barbarrota, insiste en que Theon debe matar a Rodrik si quiere que le respeten sus hombres. De mala gana, Theon lo decapita, para gran conmoción de Bran.

La salvaje Osha, que ahora cuida de Bran como si fuera su niñera, concibe un plan para que ella, Bran, Rickon Stark y Hodor puedan escapar, pero primero debe seducir a Theon. Se acuesta con él y cuando está dormido, sale sigilosamente y se lleva consigo a Bran, Rickon y Hodor.

En el campamento del ejército en las Tierras de Poniente, Catelyn Stark se reúne con su hijo Robb, y él le presenta a una sanadora llamada Talisa. Catelyn percibe la atracción existente entre ellos, por lo que le recuerda a Robb sus obligaciones y que ya está prometido a la hija de Lord Frey (para más información, véase la entrada titulada «Boda Roja»). Roose Bolton les cuenta que Invernalia ha caído en poder de Theon y sus hombres.

Robb accede de mala gana a no dirigir todo su enorme ejército al rescate de sus hermanos y manda solo un pequeño grupo de hombres hacia el norte para que recuperen Invernalia.

En Desembarco del Rey, el reinado de Joffrey hace que haya descontento entre el pueblo. En una ocasión en que sale del castillo, una multitud de campesinos que están protestando en la calle le arrojan excrementos. Joffrey pide que los ejecuten y eso hace que estalle una algarada. En el follón de los disturbios, gente salida de la turba está a punto de violar a Sansa, pero el Sabueso la salva.

Los intentos de Daenerys de encontrar recursos con los que comprar barcos son infructuosos. Al volver a sus aposentos se encuentra que sus dragones han desaparecido y los miembros de su séquito están muertos, incluida su doncella Irri.

CURIOSIDADES

En los libros, la dothraki Irri, un personaje recurrente en la primera y la segunda temporada, no muere, pero fue preciso matarla porque la actriz Amrita Acharia no pudo conseguir un visado de trabajo para Estados Unidos. En el libro, aparece en una escena de sexo con Daenerys, que, en consecuencia, no se verá jamás. Se grabó la correspondiente escena de su muerte, pero no se emitió. Acharia explicó: «Estoy esperando que regrese Daenerys, así que corro escaleras arriba. "¿Todavía no has vuelto, Khaleesi?" Los dragones han desaparecido y, de repente, tengo un lazo corredizo en torno al cuello. Interpretar que te estrangulan es difícil porque para hacer que parezca real tienen que estrangularte un poquito. Así que al día siguiente tenía unos moretones enormes en el cuello; estaba orgullosa. Cicatrices de combate. Las escenas de muerte son divertidas.»

ANÁLISIS POSTERIOR

Los críticos estaban contentísimos con el episodio. Muchos dijeron que era el mejor de la serie hasta el momento y la audiencia se mantuvo más o menos en la misma cifra que la semana anterior.

Neela Debnath escribió para el *Independent*: «El ritmo puede ser lento, pero cuando llegan las recompensas son grandes, y esta semana hubo un episodio fantástico que mereció la espera de sobra... Una vez más, este episodio ha sobrepasado al que lo precedió.»

UN HOMBRE SIN HONOR

Segunda temporada, séptimo episodio
Escrito por David Benioff y D. B. Weiss
Dirigido por David Nutter

Tras enterarse de que Osha ha escapado con los dos Stark y Hodor, Theon los persigue hasta una granja, pero lo han engañado para que crea que están allí. Bran se sirve astutamente de su olor a lobo para engañarlo. Parece que Theon mata a los dos niños que ha encontrado viviendo en la granja y hace pasar los cuerpos calcinados por los de Bran y Rickon Stark.

Para su horror, Sansa encuentra sus sábanas manchadas de sangre y se da cuenta de que ha empezado a menstruar y que ya puede tener un hijo de Joffrey. Intenta con desesperación ocultar la evidencia, pero el Sabueso la encuentra y se lo cuenta a Cersei, que mantiene con Sansa una aparentemente afable charla —si bien bastante extraña, dadas las circunstancias— en la que Cersei le cuenta sus partos.

Cersei también comparte un momento con Tyrion. La pareja deja, por un momento, su habitual ataque mutuo de comentarios maliciosos y actos ofensivos. Ella le confiesa que cree que su hijo es el producto del acto pecaminoso que cometió con Jaime. Tyrion la consuela, diciéndole que sus otros dos hijos son buenas personas.

Mientras tanto, Jaime comparte una jaula con su primo, pero lo mata en un intento de huida. No obstante, lo capturan de nuevo. Catelyn se da cuenta enseguida de que los soldados solo piensan en matarlo, con lo que ella perdería la posibilidad de utilizarlo para intercambiarlo por su hija.

Sus compañeros de la patrulla de exploradores han dejado solo a Jon para que ejecute a una salvaje. Él no quiere hacerlo y ella aprovecha sus dudas para escaparse. Jon vuelve a capturarla pero ya ha perdido a su grupo. La salvaje se burla de la vida que lleva él, recibiendo órdenes y prestando un juramento por el que nunca podrá estar con una chica. Cuando ella vuelve a escapar, Jon la sigue, sin pensar y sin darse cuenta de que lo está conduciendo a una emboscada.

CURIOSIDADES

La escena en la que a Jaime Lannister lo rodea una turba enfurecida que pide a gritos su sangre estaba basada en las imágenes de la muerte del dictador libio Muamar el Gadafi, que acababan de ser difundidas en las noticias. El director David Nutter quería transmitir la violencia de la venganza y la sed de sangre en estado puro.

El título del episodio forma parte de una frase que Catelyn le espeta con desprecio a Jaime Lannister.

Es la primera vez que la expresión «Guerra de los Cinco Reyes» se pronuncia en pantalla; la dice el actor Charles Dance, que interpreta a Tywin Lannister.

La escena en la que Jaime Lannister mata a su primo en un intento de facilitar su huida le pareció al actor Nikolaj Coster-Waldau su mejor experiencia profesional.

ANÁLISIS POSTERIOR

El *Telegraph* le dio cinco estrellas al episodio: «Quizá lo que hace que tantas personas estén pendientes de *Juego de Tronos* sea que todos los personajes, incluso los incestuosos asesinos de niños, tienen algo por lo que se los puede querer.»

Den of Geek dijo del episodio: «Los diálogos de esta semana, escritos por David Benioff y D. B. Weiss, han sido agudos y hermosos [...]. El trabajo del equipo creativo de *Juego de Tronos* para conseguir que ningún personaje sea monocorde ha sido inmenso.»

UN PRÍNCIPE DE INVERNALIA

Segunda temporada, octavo episodio
Escrito por David Benioff y D. B. Weiss
Dirigido por Alan Taylor

Emitido el 20 de mayo de 2012, este episodio estaba orientado hacia la batalla de Aguasnegras. Stannis se encuentra próximo a su destino, Desembarco del Rey (gracias a una gran flota de la que una parte la comanda Davos), y Tyrion intenta desesperadamente asegurar el éxito de su arriesgado plan de usar el fuego valyrio para rechazar a los invasores.

Al ser capturado por el Señor de los Huesos, un miembro de los salvajes, Jon Nieve planea fingir que es uno de ellos para actuar como un infiltrado.

Robb Stark se enfurece cuando se entera de que su madre tiene a Jaime y le ordena que lo mantenga custodiado pero ella lo manda a Desembarco del Rey bajo la vigilancia de Brienne para intercambiarlo por sus hijas. Robb acaba en brazos de Talisa, desafiando así su compromiso con la Casa Frey.

CURIOSIDADES

El director de este episodio, que había estado siempre presente en la serie, no estará en la tercera temporada ya que se fue a dirigir *Thor 2*.

Para representar mejor las tierras Más Allá del Muro, Benioff y Weiss prefirieron ir a Islandia a grabar en un estudio con un croma verde de fondo. Weiss dijo: «Nuestro planteamiento es, en general, que siempre es preferible trabajar con algo real y usar los efectos para convertirlo en nuestro mundo. Siempre es mejor empezar con una base real, tanto da si es un castillo o un campamento en un desfiladero, o lo que sea. En Islandia no había que hacer absolutamente nada. No se parece a ningún otro lugar del planeta.»

Eso también acarrea problemas, claro está. Benioff explicaba: «Había un plano en el que Samwell está hablando con Jon y se le ve normal. La cámara pasa a Jon, vuelve a Samwell y, de pronto, parece el padre tiempo: unos segundos han bastado para que la nieve y el hielo se le congelen en la cara. La continuidad se hace muy difícil, pero ellos [los actores] no se quejaron ni una sola vez.»

Weiss añadió: «Yo sabía que iba a ser bastante duro [para Kit Harington], porque allá fuera no hay ningún sitio donde poder ponerse a cubierto durante seis u ocho horas en condiciones de frío extremo. Fui a hablar con Kit en su primer día de rodaje para preguntarle cómo iba y me contestó: "Es el día de rodaje que más me ha gustado en mi vida."»

Un diseñador de vestuario solo puede optar a los premios Emmy por un episodio y este es el que le sirvió a Michele Clapton para su candidatura. Primero quería reflejar el lado más exuberante y suntuoso de la serie, pero luego pensó que tenía que ser más valiente y escogió este episodio para mostrar lo variado que puede llegar a ser el vestuario en este género de ficción. Así que le dijo adiós al plan original de poner vestimentas reales a la indumentaria inspirada en los esquimales de la que se sirven los salvajes, con toda clase de pieles, y cuero y huesos de animales atados entre sí para que hagan de coraza. Se lo contó al *Hollywood Reporter*: «Compramos un montón de huesos en eBay. Después hicimos moldes con ellos y confeccionamos corazas a base de sujetar las piezas entre sí con lo que parecen tripas, pero en realidad es látex y cordel.»

ANÁLISIS POSTERIOR

El índice de audiencia de la serie no bajó y a casi todos los críticos les gustó el episodio. No obstante, la mayoría de ellos advirtieron de que el capítulo había sido un remanso agradable antes de la gran batalla del episodio siguiente.

Tom Chivers escribió para el *Telegraph*: «Guardar lealtad o traicionar, romper un juramento u honrarlo. En *Juego de Tronos* siempre hay dilemas, pero esta semana han sido los protagonistas. Casi cada personaje tenía una decisión que tomar: a quién ser leal cuando significaba traicionar a otra persona.»

AGUASNEGRAS

Segunda temporada, noveno episodio
Escrito por George R. R. Martin
Dirigido por Neil Marshall

Con un guion de Martin y la dirección del aclamado cineasta escocés Neil Marshall, el episodio de la icónica batalla de Aguasnegras se supervisó minuciosamente.

Como era de esperar, se rebajaron mucho o se eliminaron el despliegue estratégico y los momentos épicos que aparecían en el libro de Martin. Incluso, por increíble que parezca, HBO llegó a pensar en hacer que la batalla tuviera lugar fuera del encuadre para evitar que se les desbocara el presupuesto.

Benioff y Weiss supieron ser persuasivos a la hora de plantear el asunto, ya que era el momento más espectacular, y más caro, de la serie: grandes explosiones, muertes explícitas, panorámicas y flechas ardiendo. Sin embargo, no es eso, necesariamente, lo que se queda en la memoria del espectador.

Una Cersei ebria escupiendo insultos cuando se refugia en la sala de abajo con las mujeres añade algo de humor al desarrollo de la acción; al mismo tiempo muestra su desprecio por verse obligada, por el mero hecho de ser mujer, a quedarse allí, en una estancia llena de personas con las que no quiere estar.

Tyrion, por su parte, aparece desesperado por encontrar a su amor secreto, a quien es posible que no vuelva a ver. Bronn y Tyrion se desean suerte el uno al otro y este momento proporciona un contrapunto interesante a las escenas de batalla.

Pero el momento más conmovedor es cuando dándose cuenta de que todo ha terminado, Cersei consuela a Tommen, su hijo pequeño, y extiende la mano hacia un veneno que ha conseguido para matarlo antes de que llegue el ejército invasor. Oye los pasos, que supone de Stannis, y está a punto de administrarle el veneno, pero en el último momento ve a su padre, que llega para decirle que han ganado la batalla.

Hay otros desarrollos argumentales magníficos en este episodio. Entre los mejores, que den por muerto a

Tyrion, que había sido el héroe de la batalla, en la que capitanea a un numeroso ejército, a pesar de su estatura, mientras que Joffrey entra corriendo en el castillo para ponerse a salvo, lo que demuestra que es un cobarde. Asustado por el fuego valyrio y las llamas (el fuego le quemó la cara), el Sabueso también huye de la batalla y abandona Desembarco del Rey. El fuego valyrio también consume casi todos los barcos de Stannis Baratheon; solo quedan unos pocos en el mar. Aunque el barco de Davos se hunde durante la batalla, él sobrevive a las llamas, pero lo dan por muerto.

CURIOSIDADES

Neil Marshall no era el elegido para dirigir el episodio, pero el director que se había escogido se retiró en el último momento. Benioff dijo que «fui a suplicar más dinero [para el episodio] a la cadena. Expusimos las razones por las que necesitábamos la batalla y accedieron».

Hablando de la batalla, Benioff explicó: «Fue prácticamente un mes seguido de grabar de noche y eso es un poco duro para todo el mundo, si no eres un vampiro. Son las noches de Belfast, lo que significa que hace frío y hay mucha humedad. Había mucho barro. Es duro para el equipo técnico, pero cuando lo ves en pantalla y te das cuenta de lo bien que ha quedado, ves cómo afectan las condiciones meteorológicas a la gente. Ves el viento agitándoles el pelo y la lluvia cayendo. Nada de eso es fingido.»

Sophie Turner dijo del episodio: «Ella [Sansa] quiere regresar a Invernalia y volver a ver a su familia, pero, con todo lo que ha vivido, ha aprendido a no confiar en nadie. Sabe que su familia no va a estar como en los cuentos de hadas, aguardando su regreso. Oye decir que su hermano está librando una guerra y sabe que las cosas nunca volverán a ser iguales. Tampoco tiene un plan para salir de allí; solo piensa en sobrevivir y se deja llevar por la corriente. Pero está muy afectada, aturdida y traumatizada, y le cuesta relacionarse con las personas que la quieren. Me encantaría verla casarse por amor, pero, después de lo que ha pasado con Joffrey, me parece que le será difícil confiar en alguien.»

ANÁLISIS POSTERIOR

A los críticos les encantó el episodio y muchos de ellos dijeron que era la mejor hora de televisión vista aquel año. Sin embargo, el índice de audiencia fue de los más bajos, pero hay que tener en cuenta que en Estados Unidos se emitió el Día de los Caídos, que es un momento que suele afectar negativamente a la audiencia de toda la programación.

IGN le dedicó una crítica entusiasta: «El episodio "Aguasnegras" ha sido un auténtico triunfo. Ya habíamos visto unos cuantos episodios de *Juego de Tronos* que se centraban en una sola historia como ancla, pero nunca uno que tuviera, de verdad, un solo escenario durante todo el tiempo. Y ha sido un viaje fantástico.»

VALAR MORGHULIS

Segunda temporada, décimo episodio
Escrito por David Benioff y D. B. Weiss
Dirigido por Alan Taylor

Al final del episodio «Aguasnegras», todo hace pensar que Tyrion ha muerto, pero al empezar el décimo se ve que lo salvaron en el campo de batalla aunque quedó herido y con media cara destrozada. Él aún abriga la esperanza de que lo recompensen por sus esfuerzos; sin embargo, para gran consternación suya, en vez de acogerlo como un héroe por haber llevado a los hombres a la batalla y haber planeado la defensa del fuego valyrio, y así impedir que Stannis atacara Desembarco del Rey, ese Tyrion herido es un hombre olvidado, que su padre mantiene lejos de los ojos de todos para atribuirse todo el mérito de haber ganado la batalla. Lo único que le da ánimos es la confirmación de que Shae todavía quiere seguir a su lado, a pesar de su rostro desfigurado y su cuerpo herido. Toda esa mezcla de circunstancias alienta a Tyrion a recuperar las fuerzas para empezar a tramar nuevos planes.

Joffrey recompensa a aquellos que lo ayudaron en la necesidad y accede a casarse con Margaery, liberando así de sus obligaciones a Sansa. Al verla libre, Meñique le advierte que todavía puede ser de mucha utilidad.

En Invernalia, Theon está rodeado y sabe que todo se ha acabado. Luwin le dice que escape por los túneles y se una a la Guardia de la Noche, donde una vez que prestas juramento, los pecados quedan olvidados. Sin embargo, Theon piensa que es demasiado tarde y decide ir al encuentro del ejército. Lanza un gran discurso llamando a las armas, pero, en cuanto acaba de hablar animándolos a seguirlo al combate, sus propios hombres se abalanzan sobre él, lo derriban y lo dan por muerto. Luwin intenta ayudarlo, pero lo apuñalan en el pecho y más tarde muere.

Daenerys llega a la Casa de los Eternos en un intento de recuperar sus dragones. El hechicero intenta engañarla para que se reúna con Drogo en el mundo de fantasía de ella, pero Daenerys le demuestra que no es tan débil: se aparta y lo combate con sus dragones, que lo queman vivo.

Tras haber sido capturado por los Otros, Jon Nieve finge que se ha cambiado de bando y ha abandonado la defensa del Muro y a sus hermanos de la Guardia de la Noche. Eso significa que debe convencer a Mance Rayder y a los Otros de que ahora es uno de ellos, para así averiguar sus planes futuros.

La escena final muestra a los Caminantes Blancos y a los espectros avanzando por el paisaje helado. Jon Nieve es capturado por los Otros.

CURIOSIDADES

Valar morghulis es un saludo habitual en la Ciudad Libre de Braavos, y puede traducirse como «todos los hombres deben morir». Una respuesta que se le puede dar es *Memento mori*, que en los idiomas de *Juego de Tronos* cambia su significado latino a «todos los hombres deben servir».

El episodio duraba diez minutos más que los anteriores para dar tiempo a dejar atrás los acontecimientos de la batalla de Aguasnegras y establecer los de la ansiosamente esperada tercera temporada.

ANÁLISIS POSTERIOR

Este episodio, que alcanzó los 4,2 millones de espectadores cuando se emitió, demostró que el descenso de audiencia de los episodios anteriores era un efecto pasajero. Fue el punto culminante de la serie y volvió a encauzar su trayectoria. Además sumó otro millón de espectadores al reemitirse aquella misma noche.

IGN dijo sobre el último episodio: «"Valar morghulis" nos ha dejado expectantes para la próxima temporada. Jon Nieve, ahora "El hombre que mató a Qhorin Mediamano", frente al enorme ejército de Mance Rayder; Meñique jurando que ayudará a escapar a Sansa, y Bran y Rickon dirigiéndose hacia el Muro. Pero también nos ha dado algo que nos dejó boquiabiertos a todos: el ataque zombi a la Guardia de la Noche. Eso hará, creo, que la larga espera hasta la próxima primavera sea todavía más insoportable que la que siguió al final del año pasado.»

A LA ESPERA DE LA TERCERA TEMPORADA

Hablando de temporadas futuras, Benioff dijo: «Tiene mejor aspecto. Creo que el reparto está llevando la serie a otro nivel. Pienso que los directores han hecho un trabajo fantástico. [Pero] no la miro con distancia, así que es imposible saberlo. El año pasado no sabía lo que iba a funcionar. De verdad que no sabía si la gente iba a entender lo que estaba pasando. Me aterrorizaba pensar que al verlo la reacción del espectador fuese: "Un momento, un momento. ¿Quién es hermano de quién?" Desde el principio, siempre habíamos estado rezando para llegar por lo menos a una tercera temporada porque dos de nuestras escenas favoritas de toda la saga están en la tercera temporada.»

VALAR DOHAERIS

Tercera temporada, primer episodio
Escrito por David Benioff y D. B. Weiss
Dirigido por Daniel Minahan

Es invierno al comienzo de la tercera temporada. Un espectro ataca a Samwell Tarly durante una ventisca de nieve, pero lo salva un lobo huargo. La acción se tensa Más Allá del Muro cuando Jon Nieve llega al campamento de los salvajes para ver al Rey-Más-Allá-del-Muro, Mance Rayder. Al ver que en un primer momento este sospecha de sus motivos, Nieve intenta convencerlo de que ha desertado de la Guardia de la Noche porque los guardias permitieron que Craster entregara sus hijos a los Caminantes Blancos para sacrificarlos.

Tyrion ha vivido prácticamente recluido en Desembarco del Rey desde los acontecimientos de la batalla de Aguasnegras. Con cicatrices tanto físicas como emocionales, y resentido por cómo lo han tratado, se reúne con su padre, que es la nueva Mano del Rey. En un encuentro muy tenso Tywin le deja muy claro a su hijo que su presencia no hace más que incomodarlo.

Lady Margaery y el rey Joffrey siguen cortejándose. Se ven los primeros indicios del poder que ella puede ostentar como reina y, todavía más importante, de la capacidad que posee para cambiar la percepción que los residentes de Desembarco del Rey tienen de su monarca. A Cersei esta nueva situación la desespera.

Descubrimos que Ser Davos consiguió sobrevivir a la batalla de Aguasnegras. Busca a Stannis tras haber oído hablar de la creciente influencia de Melisandre, pero pierde los estribos con la dama de rojo y acaba en la mazmorra.

Al otro lado del mar Angosto, encontramos a Barristan Selmy, que estaba la última vez que lo vimos saliendo de Desembarco del Rey, pues había caído en desgracia y Joffrey lo habían condenado al exilio poco antes de que acabara la primera temporada. Selmy aparece para rescatar a Daenerys de un intento de asesinato y después le suplica vehementemente que le permita unirse a ella en su intento de gobernar los Siete Reinos.

CURIOSIDADES

El inicio de la tercera temporada les dio a los fans la primera oportunidad de ver a Mance Rayder. Mencionado con frecuencia tanto en la primera como en la segunda temporadas, por fin vemos al Rey-Más-Allá-del-Muro.

Al principio la adjudicación del papel al veterano actor Ciarán Hinds provocó bastante recelo entre los fans. Si bien algunos elogiaron el notable talento del actor, que destacaba en la interpretación de Julio César en la popular serie *Roma*, también de HBO, hubo quien esperaba que el personaje fuera más joven. Sin embargo, Weiss comentó: «Ciarán tiene una presencia inherentemente majestuosa en pantalla. Hace falta una persona con autoridad y carisma para convencer a todas esas personas que bajen las armas, dejen de lado sus diferencias y lo sigan. Para nosotros, eso es lo que aportaba Ciarán. Él se limita a pedir respeto y eso se traslada a la interpretación.»

Para crear el lenguaje valyrio, los jefes de la serie volvieron a recurrir a David J. Peterson. Al igual que había hecho con su creación del idioma dothraki, Peterson se esforzó al máximo por hacer que el lenguaje fuera lo más detallado posible. Acabó creando dos terceras partes de él; una deriva del caído Imperio Valyrio y la utilizan los residentes más notables. La otra versión que creó era el dialecto local, más popular, que emplean aquellos que no han nacido poseyendo riquezas.

Las primeras escenas de Arya Stark en la tercera temporada se habían programado para este episodio, pero se trasladaron al siguiente porque a los jefes de la serie les pareció que el episodio empezaba a sufrir de un exceso de personajes que lo hacía agobiante.

El episodio de inauguración de la tercera temporada está dedicado a Martin Kenzie. El veterano camarógrafo trabajó en varios episodios de *Juego de Tronos* y falleció a la edad de cincuenta y seis años.

ANÁLISIS POSTERIOR

El episodio lo vieron casi siete millones de espectadores la primera noche, lo que establecía un nuevo récord.

También ganó el Emmy a los mejores efectos visuales, y tenía dos nominaciones más.

Pese a que predominaron, con creces, las críticas positivas, hubo otras ambivalentes y reflejaban que una rémora para el episodio era que tenía que recapitular referencias pasadas y exponerlas para situar toda la historia.

IGN observó: «Pero el mundo es adictivo y hemos llegado a vivir y a respirar esos personajes. Es divertido ver a Tyrion, tanto si está en lo más alto como si lo han arrinconado, y Daenerys se está asentando en una línea argumental mucho más apropiada al medio televisivo que la que siguió en la segunda temporada, cuando tuvieron que retocar el material de base para hacerlo más interesante; también parece más decidida. La tercera temporada apunta las pinceladas épicas del enorme tercer libro de George R. R. Martin, *Tormenta de Espadas*, pero todo no va a caber en una sola temporada. Así que muchas de esas historias se desarrollarán durante un largo período y su resolución llegará mucho después.»

ALAS NEGRAS, PALABRAS NEGRAS

Tercera temporada, segundo episodio
Escrito por Vanessa Taylor
Dirigido por Daniel Minahan

El título de este episodio parece bastante apropiado en cuanto vemos a Sansa en compañía de la formidable Lady Olenna, la abuela de Lady Margaery. Serán oscuras palabras las que se pronuncien cuando Margaery y Olenna presionen a Sansa para que cuente la verdad sobre Joffrey.

Sansa acaba cediendo y se lo cuenta todo sobre su crueldad. Es entonces cuando Margaery entiende, por fin, adónde se ha dejado arrastrar. Más adelante en el episodio, armada con la confesión de Sansa, logra suavizar las tensiones entre ella y Joffrey cuando este se encara con ella para interrogarla sobre su relación con Renly Baratheon, que fue su esposo y ya ha muerto. Ella finge estar interesada en la ballesta de Joffrey y él admite que le encantaría verla matar a alguien con ella.

Hay tensión en el Norte. Robb Stark recibe dos cartas; una le informa de la muerte de su abuelo y la otra, de que han incendiado su casa. Cuando parten hacia el Camino del Río, a Robb le queda claro que hay cierto descontento entre sus hombres, a causa, sobre todo, de que Lady Catelyn liberara a Jaime Lannister.

Bran Stark encuentra nuevos compañeros en el camino, el misterioso Jojen Reed y su hermana. Jojen le explica que también ha tenido visiones y sueños similares a los de Bran con cuervos de tres ojos.

La Hermandad sin Estandartes detiene a Arya y sus compañeros de viaje, Gendry y Pastel Caliente, y se los lleva a una posada para comer. Entonces llega Sandor Clegane y revela la verdadera identidad de Arya a la repleta y atónita posada.

El episodio termina con Brienne peleando en un puente con Jaime Lannister, antes de que los interrumpa Locke, un banderizo de Roose Bolton, que ha prestado juramento al Rey en el Norte.

CURIOSIDADES

En este episodio los fans de *Juego de Tronos* conocen a Lady Olenna. Peleona y con una lengua muy afilada, se necesitaba una actriz formidable para interpretarla. Decidieron adjudicarle el papel a la antigua chica Bond y estrella de *Los Vengadores* Diana Rigg, y nada más conocerla supieron que habían dado con la mujer adecuada. La actriz de setenta y cuatro años dejó atónitos a los productores: «Aquí siempre están echando polvos, ¿no?», dijo antes de revelar que lo sabía todo acerca de su personaje en el libro.

A George R. R. Martin le encantó la noticia: «Llevo enamorado de Diana Rigg desde *Los Vengadores*. Después ha hecho trabajos asombrosos y va a ser una estupenda incorporación a la serie.»

El nombre del episodio hace referencia a un viejo dicho sobre mensajes enviados mediante cuervos.

El jabalí que Joffrey caza con su ballesta es el que hirió de muerte a su padre.

Thomas Brodie-Sangster, la estrella de *Love Actually*, interpreta al compañero de andanzas de Bran, pero admitió que le hubiera encantado interpretar otro papel en la serie: «Me parece que Joffrey sería de lo más divertido, una persona muy muy desagradable. Me gusta la manera en que es joven y un cabrón adolescente en el poder.»

ANÁLISIS POSTERIOR

La primera difusión del episodio tuvo más de cuatro millones de espectadores en Estados Unidos. Los críticos dijeron que parecía que la serie estaba intentando encajar todas las historias antes de que llegaran los verdaderos acontecimientos de la temporada. Con tantos personajes y tramas argumentales que manejar, es comprensible que la tercera temporada tardase un poco en arrancar.

AV Club explicó: «Cuesta ver esos dos primeros episodios de la tercera temporada de *Juego de Tronos* sin acabar agotado. Hay muchos personajes a los que tener presentes y a muchos de ellos los vemos por primera vez. Todo el mundo va de un lado a otro, con un vago destino en mente y poco más que un caballo que repartirse entre todos para cubrir la distancia. Durante gran parte del episodio "Alas negras, palabras negras" los personajes van huyendo y escondiéndose, fuera de los caminos más transitados para evitar que los detecten y, como resultado, es una hora muy tensa a la que, en apariencia, le falta ímpetu, aunque estoy seguro de que está poniendo en marcha muchas tramas argumentales importantes.»

EL CAMINO DEL CASTIGO

Tercera temporada, tercer episodio
Escrito y dirigido por David Benioff y D. B. Weiss

El título del episodio hace referencia a un punto del perímetro amurallado de Astapor que da al mar y desde el que se ven todos los esclavos atados a cruces a los que han dejado allí para que mueran. Es el castigo para el delito de insubordinación. Daenerys está pensando en adquirir a los Inmaculados, un gran ejército de esclavos. El líder de los soldados esclavos, Kraznys mo Nakloz, la insulta en su lengua nativa creyendo que Daenerys no le entiende.

Ella insiste en que quiere los ocho mil soldados Inmaculados y ofrece uno de sus dragones para cerrar el trato, una decisión que desencadena la respuesta furiosa de sus consejeros; ella responde igual de furiosa porque se han atrevido a entrometerse y lo han hecho en público.

Mientras tanto, al norte del Muro, Mance le ordena a Jon Nieve que vaya con Tormund para tomar una pequeña sección de las defensas del Castillo Negro, de manera que Mance y el grueso de su ejército puedan tomar el lado norte.

Los compañeros de Nieve en la Guardia de la Noche acaban en el Torreón de Craster, donde Samwell Tarly descubre el nacimiento de Gilly. Sabe que Craster va a entregárselo a los Caminantes Blancos.

La fortuna del capturado Theon Greyjoy parecía haber cambiado. Un joven lo rescata de la mazmorra y le dice que cabalgue hacia el este. Cuando está a punto de ser capturado de nuevo poco después, el mismo joven lo rescata otra vez más abatiendo a los atacantes con su arco.

A Jaime y Brienne los han apresado Locke y los miembros de la Casa Bolton. Cuando los hombres intentan violar a Brienne, Jaime consigue convencer a Locke de que el hogar de Brienne, la isla Zafiro, está lleno de riquezas y que su padre pagará espléndidamente para que ella vuelva sana y salva. Sin embargo, cuando Jaime intenta pactar su propia liberación, Locke lo acusa de recurrir al nombre de su padre siempre que está en apuros y le corta la mano derecha.

CURIOSIDADES

Se dice de una de las prostitutas que aparecen en el episodio que es capaz de ejecutar una posición sexual llamada nudo meereenense. Es un guiño a los fans del libro, ya que Martin ha usado ese término para explicar las dificultades que tenía con la trama cuando escribía las descomunales novelas.

Alfie Allen reveló que en la vida real él e Iwan Rheon, que interpreta a su enemigo Ramsay Nieve, son grandes amigos. En una entrevista explicó: «Se me ocurrió que era muy importante que intentara ser amigo suyo y no me conformara con actuar o desarrollar cierta confianza entre nosotros. Porque en calidad de actores —no como los personajes, quiero decir— nos vemos en la situación de estar juntos en una habitación oscura durante mucho tiempo. Y sí, me parece que era conveniente tener buena relación; resulta un poco extraño, desde luego. Al principio era bastante raro estar en una estancia haciendo todas esas cosas horribles y luego salir a cenar juntos, tomar una copa de vino y hablar de nuestras escenas de tortura. Era un poco peculiar, sí, pero supongo que también tiene su lado bueno. La gente se te acerca en la calle y no les entra en la cabeza que él y yo podamos ser amigos; eso está la mar de bien. Lo cierto es que somos pero que muy buenos amigos.»

Nikolaj Coster-Waldau admitió que los fans lo reconocen y una de las cosas que siempre le dicen es: «¡Ah! Todavía tiene la mano.»

Sobre los títulos de crédito finales, después de que a Jaime le hayan cortado la mano, se oye una canción rock que no acaba de pegar demasiado. Weiss explicó: «Lo hicimos aposta lo de emparejar la violencia con un tema rock de un grupo contemporáneo. Parece fuera de lugar pero es un final de lo más impactante y cuando leímos la escena en los libros nos dejó muy impresionados. Para que el impacto de ese momento surta auténtico efecto hay que poner algo inesperado. No hay ninguna banda sonora tradicional que te deje tan perdido, como si de pronto no supieras qué tienes que pensar de lo que acaba de ocurrir.»

Las tres guerras en las que combatió Ser Barristan Selmy fueron la Guerra de los Reyes Nuevepeniques, la Rebelión Greyjoy y la Rebelión de Robert.

ANÁLISIS POSTERIOR

Este episodio fue el que arrancó la tercera temporada. Repleto de intriga política y de momentos realmente impresionantes, fue récord de audiencia y obtuvo las mejores críticas de la temporada.

Y AHORA SU GUARDIA HA TERMINADO

Tercera temporada, cuarto episodio
Escrito por David Benioff y D. B. Weiss
Dirigido por Alex Graves

Tras el impresionante final del episodio anterior, aparece inmediatamente Jaime, y lo primero que vemos es cómo le ha afectado perder la mano. Estupefacto, acosado y objeto de burla, Locke le dice que si intenta rebelarse perderá la otra.

Consternado y compadeciéndose de sí mismo, Jaime se esfuerza por asumir la pérdida de la mano hasta que Brienne le reprocha que se venga abajo. Le dice que es la primera vez que ha perdido algo, que eso le ha sucedido a la mayoría de la gente en un momento u otro y que está portándose como una mujer. Eso es exactamente lo que Jaime necesita oír para sobreponerse.

Tyrion no deja de sospechar de su hermana ni un minuto y se reúne con Varys para averiguar quién dio la orden de que lo mataran en la batalla de Aguasnegras. Pero Varys le tiene reservada otra sorpresa: le cuenta el secreto de su castración; que un hechicero lo paralizó mediante una poción y acto seguido le cortó los genitales. Le explica que ha sabido medrar en la vida pese a su pérdida hasta subir donde se encuentra y que la venganza es lo que ha impulsado cada uno de sus pasos. Para dejarlo bien claro, abre una caja y le enseña a Tyrion lo que hay dentro de ella: el hechicero. Todavía vivo, pero suyo. Varys explica que no hay que tener prisa para vengarse.

Mientras tanto, en el Torreón de Craster, Samwell le ha cogido cariño a Gilly en medio de la creciente tensión del lugar. Sintiéndose cada vez más frustrado por el tono burlón de Craster y convencido de que está acumulando provisiones, algunos de los miembros de la Guardia de la Noche se revuelven contra él y lo matan; después van a ver a Mormont y matan a su líder. En el caos, Samwell y Gilly logran escapar con el hijo de ella.

Al otro lado del mar Angosto, Daenerys llega con su dragón para cambiarlo por los Inmaculados. No obstante, la realidad es que tiene otros planes. Revela que conoce la lengua valyria y les dice a los Inmaculados que maten a todos sus dueños. El dragón mata a Kraznys y Daenerys le dice a su ejército que todos son hombres libres y que pueden irse si quieren. El último plano la muestra encabezando su enorme ejército de camino a su nueva misión, alejándose de las ruinas humeantes que dejan atrás.

CURIOSIDADES

El final de este episodio provocó una gran agitación en las redes sociales; corrían imágenes animadas y memes graciosos que los fans prepararon a las pocas horas de la emisión.

El personaje Beric Dondarrion ya había aparecido en la primera temporada, pero lo había interpretado un extra.

Hay un memorable cara a cara entre Cersei y su padre. Los productores quedaron encantados con la toma, pero se dieron cuenta de que el micrófono de Lena salía en el plano y eso no era admisible. Como la interpretación era tan buena, dedicaron muchas horas y recursos extras a eliminar digitalmente el molesto micrófono. Esa escena también es la primera escena real entre Cersei y Tywin.

El episodio supuso el debut como director de Alex Graves. Su trabajo fue muy alabado, especialmente por la escena de acción del final. Los productores dijeron: «Cogió una escena que nos tenía muy nerviosos por la cantidad de gente que habría en el set, las dimensiones de la acción y la cantidad de efectos, y en unos días lo tuvo todo hecho. Una escena que podría haber requerido ocho días si hubiéramos estado rodando un largometraje, para nosotros supuso dos o tres.»

ANÁLISIS POSTERIOR

Con un episodio repleto de muertes sorpresa y giros argumentales, no es de extrañar que las críticas fueran enormemente positivas.

Por este episodio le dieron un Emmy a Emilia Clarke y Diana Rigg estuvo nominada por su interpretación en él.

BESADO POR EL FUEGO

Tercera temporada, quinto episodio
Escrito por Bryan Cogman
Dirigido por Alex Graves

Sansa Stark tiene la impresión de que la suerte quizás haya decidido sonreírle por fin. Tras haber hecho amistad con la futura reina, se entera de que se planea que contraiga matrimonio con Loras Tyrell. Tywin sabe de ese acuerdo a través de Meñique y concibe un plan para asegurar que Sansa continúe en el seno de los Lannister.

Le dicen a Tyrion que se planea su matrimonio con Sansa y que Cersei terminará con Loras, lo que provoca la protesta de los Lannister.

En otro lugar, Robb se angustia al enterarse de que Lord Karstark ha dado muerte a sus jóvenes captores Lannister en venganza por la muerte de los miembros de su familia a manos de los Lannister. Ante la perspectiva de castigar un acto de traición pero correr el riesgo de perder una buena parte de su ejército, Robb tiene que ir con mucho cuidado. Sin embargo, tal como le ocurría a su padre, está imbuido por el sentido del honor y lo sentencia a muerte.

Tal como temía, los hombres de Karstark abandonan al Rey en el Norte. Esa misma noche Robb se da cuenta de que la guerra se le está escurriendo entre los dedos y la perderá a menos que encuentre más efectivos. Se le ocurre un plan: forjar una alianza con Lord Walder Frey, el hombre al que traicionó cuando se casó con Talisa en lugar de con la hija de Frey según lo jurado previamente.

CURIOSIDADES

La ejecución de Karstark por Robb Stark difiere de la del libro. En la versión televisiva, el joven rey decapita al hombre sin el menor fallo, mientras que en el libro Robb se ve obligado a asestar varios golpes para poder finalizar el trabajo. La modificación se debió a que se quería dejar claro que Robb ya es un hombre maduro, así como transmitir lo mucho que se parece a su difunto padre.

Al principio las escenas con Daenerys no iban a estar en este episodio. Eran para el sexto, pero durante la preproducción se tomó la decisión de trasladarlas.

Hablando de la mala suerte de su personaje, Sansa, es decir, Sophie Turner, llegó a la siguiente conclusión: «Cada vez que tiene un pequeño golpe de suerte, sabes que va a haber muchos más disgustos.»

Este episodio supuso el debut de la esposa de Stannis.

Se eliminó una escena en la que Loras Tyrell admitía que no había superado la pérdida de Renly, su gran amor, lo cual molestó bastante a algunos fans porque parecía como si a Loras no le importara la muerte de Renly.

ANÁLISIS POSTERIOR

El episodio consiguió un nuevo récord: 5,35 millones de espectadores para la primera emisión. Los críticos fueron prácticamente unánimes al decir que había sido uno de los puntos más emocionantes de la serie hasta aquel momento. Así de entusiasta era *IGN*: «¡Uff! Sí, el episodio de la semana pasada fue demasiado y había muchos momentos impresionantes y muertes de esas que gustan mucho a la gente. Pero el de esta semana ha sido todavía mejor.»

EL ASCENSO

Tercera temporada, sexto episodio
Escrito por David Benioff y D. B. Weiss
Dirigido por Alik Sakharov

Tanto Tywin como Cersei empiezan a hacerse a la idea de sus inminentes respectivos matrimonios. Sansa está visiblemente afectada ya que ve que la boda de sus sueños nunca vaya a tener lugar porque se casará con un Lannister.

Cayendo en la cuenta de que ha sido engañado por una informante, Meñique le dice a Varys que ella ya no le es de ninguna utilidad y se la entrega a Joffrey, quien disfruta de su sádico juego asesino con la ballesta.

Mientras tanto, Melisandre recluta a Gendry de la Hermandad sin Estandartes para llevárselo a los Stannis.

Hay noticias mejores para Robb, que se entera de que los Frey estarían dispuestos a pasar por alto su brusco cambio de opinión respecto a la boda que habían acordado. Accederían a una alianza con tal de que Edmure se case con una de sus hijas.

El punto fuerte del episodio llega cuando Jon Nieve y compañía intentan escalar el muro. De pronto se produce una pequeña avalancha, lo que lleva a que Jon tenga que rescatar a Ygritte en una emocionante escena. El episodio termina con los dos unidos en un cálido abrazo.

CURIOSIDADES

Maisie Williams es diestra, pero sostiene la espada con la mano izquierda porque de su personaje, Arya Stark, se dice en los libros que es zurda.

La muerte de Ros fue una creación de los jefes de la cadena, ya que no está en los libros. Hicieron una escena impresionante que provocó un odio aún mayor de los espectadores hacia Joffrey.

Desde el punto de vista de la logística, la tercera temporada resultó difícil de grabar por el incremento de escenas de exteriores dispersos por todo el planeta. Benioff dijo: «La primera escena de la tercera temporada que grabamos pertenecía al décimo, y último, episodio. Toda la temporada está planificada de antemano. Tenemos dos unidades que graban cada una un episodio distinto, prácticamente cada día, con dos directores. Durante un par de semanas tuvimos tres unidades grabando, con tres directores de tres episodios, en dos países distintos.»

La tercera temporada es la que le produjo más satisfacciones a Weiss, que admitía: «Nos habíamos enamorado de los libros de George y en ellos hay muchísimas escenas soberbias. Se reparten por toda la serie, por supuesto, pero el predominio de las escenas que nos hacen exclamar "¡Coño!" y que sabíamos que harían que otras personas exclamaran "¡Coño!", si las veían bien hechas en televisión, era más palpable en el tercer libro, que, de hecho, abarcará toda la tercera y la cuarta temporadas; pero en la tercera nos entregamos a fondo porque sabíamos que teníamos que volcarnos ahí.»

ANÁLISIS POSTERIOR

Otro episodio que batió el récord de audiencia. Sin embargo, la crítica lo consideró el más flojo de la serie. No obstante, los defensores de la serie insistieron en que no podía haber enormes giros argumentales en todos los episodios y que tenía que haber alguno que sirviera para ir colocando en su sitio las piezas de la partida de ajedrez.

EL OSO Y LA DONCELLA

Tercera temporada, séptimo episodio
Escrito por George R. R. Martin
Dirigido por Michelle MacLaren

En el Norte, Arya consigue escapar de la Hermandad sin Estandartes pero la captura el Perro.

Joffrey decide que quiere participar más en el gobierno de su reino y le pide a su abuelo que vaya a verlo. Tywin Lannister no muestra el menor interés por las sugerencias de Joffrey y le informa de que Daenerys no supone amenaza alguna para los Siete Reinos, por mucho que Joffrey tema un ataque con dragones.

A Jaime le dicen que van a llevarlo a Desembarco del Rey, pero que Brienne se quedará. Durante el trayecto le pregunta a un médico qué será de ella. El médico le dice que Locke no tiene ningún plan de liberarla porque cree que su familia posee más de lo que dejan traslucir; lo cree porque se lo dijo Jaime para evitar que Locke y sus hombres la violaran; después la hubieran matado. Jaime vuelve al galope para rescatarla y, al llegar a Harrenhal, ve que Brienne está luchando con un oso dentro de un pozo.

Rescata a la guerrera ensangrentada y consigue sacarla de allí.

CURIOSIDADES

Este episodio lo escribió George R. R. Martin, que quedó en una situación ambigua. Por una parte sigue intentando terminar los libros, pero también está escribiendo para la serie de televisión, en la que incorpora nuevos personajes y situaciones, distintos de los de los libros.

El título original para este episodio era «Tormentas de otoño», pero se eliminó la lluvia del episodio y se cambio el título por el de «Cadenas»; luego se volvió a cambiar al incorporar la lucha con el oso al guion del episodio y así se quedó como «El oso y la doncella».

El pozo del oso se filmó en Estados Unidos y era la primera vez que la serie se grababa allí. Se hizo allí por la dificultad que entrañaba trasladar animales de gran tamaño.

La escena de Tywin con Joffrey era la primera verdaderamente dramática que tenían juntos.

En este episodio Ramsay castra a Theon. Aunque en el libro se alude a ello, nunca se había confirmado.

ANÁLISIS POSTERIOR

Solo 4,8 millones de espectadores vieron el episodio, lo que puso fin a la racha de nuevos récords establecida por los cuatro episodios anteriores, para decepción de todos.

La caída se atribuyó al episodio de la semana anterior, que se considera el más flojo de la temporada. Se pensó que los espectadores decepcionados por el sexto episodio decidieron no ver el séptimo.

Sin embargo, la crítica lo recibió muy bien por las muchas escenas memorables, como la del encuentro entre Tywin y Joffrey, la de la tortura de Theon y el heroico rescate de Brienne que lleva a cabo Jaime.

LOS SEGUNDOS HIJOS

Tercera temporada, octavo episodio
Escrito por David Benioff y D. B. Weiss
Dirigido por Michelle MacLaren

La trama principal de este episodio es la boda de Tyrion con Sansa. No es una unión feliz y Sansa a duras penas consigue contener su disgusto. Por su parte, Tyrion al llegar la noche decide emborracharse. Jeoffrey amenaza a Sansa diciéndole que puede arrebatarle la virginidad en su noche de bodas.

Cuando ella vuelve a la mesa, Tyrion ataca verbalmente a Joffrey y lo amenaza de muerte. Tywin consigue calmar la tensión y le ordena a su hijo que vaya a dormir la borrachera. Cuando Sansa y su nuevo esposo entran en sus aposentos nupciales, él le dice que no compartirá un lecho con ella hasta que Sansa así lo quiera.

En otro lugar, Arya descubre que no la llevan de vuelta a Desembarco del Rey como temía, sino que el Perro la lleva al Norte para que se reúna con su familia.

Melisandre seduce a Gendry, al que le sacan sangre

mediante tres sanguijuelas que la dama roja está utilizando para un ritual mágico.

Daenerys teme otro intento de acabar con su vida cuando un mercenario entra en sus aposentos. Sin embargo, Daario Naharis le asegura que viene en son de paz y jura que controla un temible ejército mercenario conocido como los Segundos Hijos.

En la última escena se ve a Sam y a Gilly que se encuentran con un Caminante Blanco. Se enfrentan y Sam acaba matando al Caminante Blanco con su daga de vidriagón.

CURIOSIDADES

Junto al espejo de Sansa hay una muñeca. Es la misma que le dio su padre en uno de los primeros episodios de la primera temporada. Entonces ella le dijo que ya era demasiado mayor para jugar con muñecas.

El hallazgo de vidriagón por parte de Samwell apareció por primera vez en el octavo episodio de la segunda temporada. Pero hasta este episodio no descubrimos que se puede utilizar para matar a los Caminantes Blancos.

El Caminante Blanco lo interpreta Ross Mullan, el mismo actor que ya había interpretado a otro en el episodio «Valar morghulis».

El episodio estuvo nominado a un Emmy por la peluquería.

En Estados Unidos hubo una pausa de dos semanas entre este episodio y el siguiente debido a la festividad del Día de los Caídos.

ANÁLISIS POSTERIOR

El episodio consiguió que volvieran los espectadores, ya que lo vieron 5,1 millones de personas. También fue un éxito entre los críticos; uno de ellos escribió: «El *Juego de Tronos* excelentemente concebido y maravillosamente interpretado de esta semana nos ha dado una boda fría, un baño caliente y un derramamiento de sangre.»

Si este episodio les había parecido bueno, con el siguiente iban a quedarse pasmados.

LAS LLUVIAS DE CASTAMERE

Tercera temporada, noveno episodio
Escrito por David Benioff y D. B. Weiss
Dirigido por David Nutter

Llamado también «La Boda Roja», se puede considerar que es el episodio más famoso de la serie. Nunca ha habido semejante reacción a un episodio hasta donde alcanza la memoria televisiva reciente. Por su parte, las redes sociales se colapsaron tras la emisión.

Pese a la promesa de que habrá protección para los invitados en el castillo de Walder Frey, la boda de Edmure y Roslin Frey pasa a ser un auténtico baño de sangre, ya que Frey y Roose Bolton traicionan al Rey en el Norte y matan a todo su ejército. A Robb también lo matan, así como a su esposa y a su madre. Arya Stark llega al castillo, pero el Perro la deja sin sentido y se la lleva de allí en cuanto se da cuenta de lo que ha sucedido.

En otro lugar, el ejército de Daenerys se infiltra en Yunkai. Y, por su parte, Jon Nieve se muestra cómo es de verdad ante los salvajes Más-Allá-del-Muro, ya que se niega a matar a un inocente. Lo atacan Tormund y los suyos, pero consigue escapar.

CURIOSIDADES

La reacción en las redes sociales a este episodio fue abrumadora. Había un montón de grabaciones de la reacción de personas desprevenidas cuando veían la escena.

De hecho el episodio llegó a tal extremo de viralidad que tuvo el efecto contrario, ya que las redes sociales se llenaron de *spoilers*.

El batería de Coldplay hace un breve cameo como uno de los músicos que tocan en la boda.

George R. R. Martin abandonó la escritura de la escena de la Boda Roja mientras estaba trabajando en *Tormenta de Espadas* porque le afectaba demasiado.

Benioff dijo acerca de la grabación de la escena: «Recuerdo haberme vuelto hacia la supervisora de continuidad al acabar una toma en la que Richard está muriendo pensando que había quedado muy bien y la vi llorando a moco tendido. Es un poco contradictorio: estás provocando tristeza a un montón de gente, pero esa es la intención. Si hubiéramos grabado "La Boda Roja" y nadie se hubiera conmovido, habría sido un fracaso.»

ANÁLISIS POSTERIOR

«Las lluvias de Castamere» lo vieron 5,2 millones de espectadores y fue un episodio muy elogiado por los críticos, algunos de los cuales alabaron la interpretación llena de pasión de Michelle Fairley como madre de Robb. *A. V. Club* escribió: «Me parece que no he llegado a procesar lo que acabo de ver.»

MHYSA

Tercera temporada, décimo episodio
Escrito por David Benioff y D. B. Weiss
Dirigido por David Nutter

Después de los traumáticos acontecimientos de «La Boda Roja», vemos la reacción de júbilo de Joffrey cuando le llega la noticia. Le dice a su gente que planea servirle la cabeza de Robb en una bandeja a Sansa el día de su boda y un Tyrion enfurecido lo golpea y le dice que no hará tal cosa. Tywin exige que Tyrion deje embarazada a Sansa, sea como sea.

También sabemos por fin quién es el torturador de Theon: el hijo bastardo de Roose Bolton. Los Greyjoy reciben un paquete con el miembro de Theon. Yara Greyjoy jura hacer que el cuerpo de su hermano regrese a casa y planea una misión de rescate.

Ygritte reacciona a la traición de Jon disparándole flechas. Él consigue escapar y vuelve, maltrecho y ensangrentado, pero vivo, al Castillo Negro.

Daenerys recluta más esclavos libres, esta vez de Yunkai, y su impresionante ejército sigue creciendo.

CURIOSIDADES
El nombre de este episodio significa «madre» en bajo valyrio.

Hay un cambio con respecto al libro en lo que concierne a la cabeza de lobo en el cuerpo de Robb. En la serie de televisión, la cabeza del huargo está clavada en la estaca con la que se empala el cuerpo de Robb. En el libro, cosen la cabeza al cuerpo de Robb. El cambio se hizo porque pensaron que como la cabeza de un huargo pesa tanto las puntadas necesarias para que se aguantara no resultarían lo bastante realistas.

El último episodio de la tercera temporada fue nominado al Emmy a la mejor fotografía.

Benioff explicó el atractivo de la serie: «El ejemplo son los planos finales de los dos últimos episodios de la primera temporada. El noveno episodio termina con la decapitación de Ned y el décimo termina con Daenerys saliendo de las cenizas con sus crías de dragón naciendo. Así que se pasa del momento de máxima oscuridad posible al más optimista.»

Charles Dance defendió su personaje diciendo: «El poder siempre es una influencia corruptora. En este tiempo mítico —llamémoslo medieval, feudal— los que están en el poder son dictadores y no quieren que nadie amenace su posición. Personas como Tywin Lannister son víctimas de ese sistema y de ese entorno. "Ese sitio es mío, no lo amenaces." No sé lo relevante que puede resultar eso para la época actual. La política es la profesión más corrupta del mundo, da igual quién seas.»

ANÁLISIS POSTERIOR

Casi cinco millones y medio de espectadores vieron el episodio. En conjunto, la audiencia de la tercera temporada había sido el 30 % superior a la de la segunda. Un éxito impresionante que hizo de la serie la segunda producción HBO más vista, por detrás de *Los Soprano*.

DOS ESPADAS

Cuarta temporada, primer episodio
Escrito por David Benioff y D. B. Weiss
Dirigido por D. B. Weiss

Con la boda real a punto de tener lugar, Desembarco del Rey se prepara para las celebraciones. Uno de los recién llegados es el príncipe Oberyn de Dorne, que se da prisa en revelar sus intenciones a Tyrion: está buscando venganza por la violación y la muerte de su hermana.

Arya está recorriendo las Tierras de los Ríos en compañía del Perro. Se encuentra con Polliver, recupera de manos de él su espada *Aguja* y lo mata con ella.

Daenerys va a la última de las tres grandes ciudades esclavistas, Meereen. Empieza a estar preocupada por lo temibles que se vuelven sus dragones.

CURIOSIDADES

El episodio lo dirigió el equipo de guionistas, pero el gremio de directores de Estados Unidos impone que solo figure una persona, así que en los créditos únicamente aparece Weiss como director. En la temporada anterior se había producido una situación similar y en aquella ocasión habían puesto a Benioff como director.

La cuarta temporada se basa, fundamentalmente, en la segunda mitad de *Tormenta de Espadas*.

El episodio presenta a quien no tardará en ser uno de los personajes favoritos de los fans, Pedro Pascal, que interpreta a Oberyn Martell.

Huisman reemplazó a Ed Khrein en el papel de Daario Naharis para la cuarta temporada, pero no se ha explicado la razón de ese cambio.

ANÁLISIS POSTERIOR

El episodio fue récord de audiencia de la serie: lo vieron 6,6 millones de personas, una cifra impresionante y la mayor desde el final de *Los Soprano*.

EL LEÓN Y LA ROSA

Cuarta temporada, segundo episodio
Escrito por George R. R. Martin
Dirigido por Alex Graves

A estas alturas Theon Lovejoy ya ha sido completamente transformado en Hediondo, una persona servil debido a la brutalidad con que lo ha tratado Ramsay.

En otro lugar, Bran se adentra un poco más en el Norte. Melisandre supervisa la quema de unas cuantas personas y Tyrion pone fin a su relación con Shae en un intento de protegerla.

En la boda real, envenenan a Joffrey con el vino y muere. Cersei culpa del asesinato a Tyrion y hace que lo arresten.

CURIOSIDADES

En las redes sociales llamaron a la muerte de Joffrey la Boda Púrpura, porque al joven la cara se le iba poniendo de ese color cuando agonizaba.

Si bien hubo quien acogió con gran alegría la muerte del villano, mucha gente temió que la serie fuera a acusar la falta del personaje.

El actor Jack Gleeson anunció que se retiraba de la interpretación tras la muerte de su personaje y lo explicó así: «La respuesta no es ni interesante ni larga. Llevo actuando desde los ocho años de edad. Ya no disfruto tanto con ello como antes y ahora se me plantea hacerlo como forma de vida, mientras que hasta este momento siempre lo había hecho por diversión con mis amigos o en el verano para entretenernos. Me gustaba, pero cuando te ganas la vida con algo cambia la relación que tienes con ello. No es que lo deteste: sencillamente no es lo que quiero hacer.»

Callium Wharry había interpretado a Tommy Baratheon en episodios anteriores de la serie, pero fue sustituido por Dean-Charles Chapman para la cuarta temporada.

ANÁLISIS POSTERIOR

Los críticos prácticamente solo tuvieron elogios para este episodio. Para muchos había sido el mejor de la serie, incluso superior a «La Boda Roja».

En su primera emisión en Estados Unidos, vieron el episodio 6,3 millones de personas.

ROMPEDORA DE CADENAS

Cuarta temporada, tercer episodio
Escrito por David Benioff y D. B. Weiss
Dirigido por Alex Graves

Acusan a Tyrion de haber matado a su sobrino y lo encarcelan. Pese a que proclama su inocencia, las sospechas que pesan sobre él se intensifican con la desaparición de Sansa. Parece como si hubieran conspirado para matar al rey, por lo que Tyrion sabe que tiene muy pocas probabilidades de salvarse.

De hecho a Sansa la ha llevado Meñique en secreto a un bote de remos. Él le da a entender que ha participado en la muerte de Joffrey y le asegura que con él estará a salvo.

Jon Nieve implora a la Guardia de la Noche que organice un grupo para atacar a los amotinados que mataron a Ser Mormont y han establecido una base en el Torreón de Craster, porque podrían filtrar información sobre las defensas del Castillo Negro al ejército de los salvajes.

Daenerys libera a los esclavos de otra ciudad, esta vez después de que Daario derrote al campeón de Meeran.

CURIOSIDADES

En este episodio Sansa sale de Desembarco del Rey por primera vez desde que llegó allí en la primera temporada.

También es la primera vez que los personajes usan el término «Boda Roja».

Otra controversia que provocó el episodio se debió a la escena en la que Jaime parece haber violado a su hermana y amante, Cersei. Martin tomó parte en el debate y admitió que la escena se desarrollaba de otra manera en los libros: «El escenario es el mismo, pero ninguno de los personajes está en el mismo sitio que en mi libro, lo que puede ser la razón por la que Dan y David desarrollaron el engaño de otra manera. Pero eso no es más que una conjetura por mi parte; que yo recuerde, ellos dos y yo nunca hablamos de esa escena.»

No obstante, Martin defendió que apareciera violencia sexual en la serie de manera explícita: «La violación y la violencia han formado parte de todas las guerras que se han librado, desde los antiguos sumerios hasta la actualidad. Omitirlas de una narrativa centrada en la guerra y el poder hubiera sido fundamentalmente falso e hipócrita, y hubiese socavado uno de los temas presentes en el libro: el de que los verdaderos horrores de la humanidad derivan no de orcos y señores oscuros, sino de nosotros mismos.»

ANÁLISIS POSTERIOR
La emisión del episodio tuvo 6,6 millones de espectadores y gustó a los críticos. No obstante, como ya se ha dicho, también fue criticado por la escena de la violación.

GUARDAJURAMENTOS

Cuarta temporada, cuarto episodio
Escrito por Bryan Cogman
Dirigido por Michelle MacLaren

En Meereen hay más de cien antiguos dueños de esclavos clavados a postes en venganza por los niños esclavos a los que se había dado muerte y que Daenerys vio antes de tomar la ciudad.

Meñique admite ante Sansa que participó en el envenenamiento de Joffrey, y Lady Olenna también le confiesa a Margaery que fue ella quien ordenó la muerte del joven por miedo a lo que pudiera acabar haciéndole Joffrey a la muchacha. A continuación le implora que seduzca a Tommen antes de que Cersei pueda ensuciar su buen nombre ante él.

Jaime va a la prisión a ver a su hermano. Llega a estar convencido de que Tyrion es inocente, pero Cersei, que se niega a creerlo, le ordena a Jaime que mate a Sansa. En vez de hacerlo, Jaime envía a Brienne para que la proteja.

La última escena muestra un Caminante Blanco que coge a un niño y se lo entrega a otro Caminante Blanco, el cual hace que los ojos del bebé se vuelvan de hielo.

CURIOSIDADES

Este es el primer episodio que se ha apartado del material literario original. No solo aparecen personajes que no estaban en los libros insertados en lugares familiares, sino que también se aplica una perspectiva distinta a algunas partes de la historia y se presentan tramas argumentales absolutamente nuevas, como la que surge de que Bran se aloje en el Torreón de Craster.

Se cambió el actor que interpreta el personaje de Tommen , ya que iba a aumentar bastante su presencia en la pantalla y los productores de la serie querían a alguien más experimentado para interpretar el papel.

Cogman fue categórico en el debate sobre mostrar o no las horrendas escenas de violación de la Guardia de la Noche porque, según dijo: «Hasta ahora nos hemos limitado a repetir una y otra vez que la Guardia de la Noche está formada por personajes bastante turbios, ladrones y violadores, pero nunca habíamos visto que lo eran. El motín fue el comienzo. Son lo peor de lo peor y están libres de los grilletes de la sociedad.»

Que los bebés de Craster estén siendo convertidos en Caminantes Blancos queda confirmado en el episodio, pero todavía no ha sucedido en los libros.

ANÁLISIS POSTERIOR
La serie continuó estableciendo récords de audiencia, con un nuevo máximo, ya que la primera emisión del episodio congregó ante el televisor a casi siete millones de personas.

EL PRIMERO DE SU NOMBRE

Cuarta temporada, quinto episodio
Escrito por David Benioff y D. B. Weiss
Dirigido por Michelle MacLaren

Hay un nuevo rey. Tommen es coronado nuevo Protector de los Siete Reinos, y la sensación general es que será un monarca mucho más justo y querido que el anterior.

Sansa llega a la fortaleza del Nido de Águilas con Meñique, que le dice que finja ser su hija ilegítima para evitar cualquier sospecha. Cersei quiere encontrarla porque está convencida de que participó en el asesinato de Jeoffrey. Lysa está encantada de ver a Sansa y aún más cuando la joven convence a Meñique de que se case con Lysa.

La invasión de Poniente por parte de Daenerys y su ejército queda en suspenso cuando le dicen que algunas de las ciudades que ayudó a liberar de la esclavitud han vuelto a las andadas. Daenerys se dirige hacia allí para imponer orden.

Jon y el resto de la Guardia de la Noche acaban dando muerte a los amotinados en el Torreón de Craster. Locke muere a manos de Hodor, que sigue las órdenes de Bran.

Mientras Jon mata a los amotinados, Bran toma la decisión de seguir yendo hacia el norte.

CURIOSIDADES

Este episodio se ha hecho famoso porque se revela quién asesinó a Jon Arryn, que fue el suceso que desencadeno toda la serie de acontecimientos de *Juego de Tronos*. Fue Meñique quien lo tramó todo.

Hablando de su papel como Meñique, Aidan Gillen ha dicho lo siguiente: «Petyr no tiene a nadie en quien confiar. Nunca ha intentado tener compañeros, porque al final te fallan, seguro, sin excepciones. Así que siempre intenta guardárselo todo para sí mismo. Aunque... supongo que podemos decir que está intentando construir relaciones más personales con Robin Arryn y con Sansa, de las que puede llegar a surgir un poco de confianza, pero de ahí no pasa. Hay personas mucho más jóvenes que no parecen haberse trazado ningún objetivo en la vida; aunque en realidad probablemente ya lo hayan hecho, porque en un mundo como ese, cuando tienes ocho años ya tienes que tener muy claro adónde quieres llegar.»

ANÁLISIS POSTERIOR

En *Rotten Tomatoes*, toda la crítica del episodio fue positiva. Y además hubo otra buena noticia: los 7,1 millones de espectadores que supusieron un nuevo récord de audiencia.

LEYES DE DIOSES Y HOMBRES

Cuarta temporada, sexto episodio
Escrito por Bryan Cogman
Dirigido por Alik Sakharov

Los espectadores por fin tienen ocasión de ver el Banco de Hierro. En un primer momento el intento de Stannis y Davos de convencer a la gente de las islas de que presten ayuda económica a su causa fracasa, hasta que Davos les hace una súplica vehemente. Al final acceden a prestarle una cantidad que no se menciona.

Yara logra rescatar a su hermano Theon, que no es capaz de entender lo que está sucediendo y se resiste a marchar. Ramsey queda encantado con lo obediente que se ha vuelto Hediondo.

El juicio de Tyrion no va nada bien para la antigua Mano del Rey, ya que todos, Cersei y Varys incluidos, fallan en su contra. El reo ya se lo imaginaba, pero no es del todo consciente de que su hora ha llegado hasta que ve a Shae acusándolo en falso. Renuncia a la oportunidad de ir a vivir al Muro y lo arriesga todo pidiendo un juicio por combate.

CURIOSIDADES

Este es el primer episodio en el que no aparece ningún Stark. Sin embargo, con todos los miembros de esa familia a los que se están dando muerte, podríamos esperar que eso se repitiera bastante.

Pese a que el Banco de Hierro está ayudando a Stannis y Davos, se cree que la gente de allí no ha elegido bando y, de momento, ha optado por no poner todos los huevos en la cesta de los Lannister. Oficialmente su posición es neutral.

ANÁLISIS POSTERIOR

Hay una razón por la que este episodio se presentara a los Emmy en el apartado de interpretación: Peter Dinklage está impresionante. De hecho, toda la crítica elogió su interpretación.

El episodio fue visto por casi seis millones y medio de personas.

SINSONTE

Cuarta temporada, séptimo episodio
Escrito por David Benioff y D. B. Weiss
Dirigido por Alik Sakharov

Gregor Clegane ha sido elegido como campeón para representar a Cersei. Sin embargo, Tyrion no ha conseguido convencer ni a su hermano Jaime ni a Bronn para que luchen por su causa. Cuando su situación parece desesperada, Oberyn Martell le dice que será su campeón.

Otro momento notable del episodio es el que nos presenta a Petyr besando a Sansa en la nieve. Su tía Lysa ve el beso y se enfurece por la traición. Se reúne con Sansa en la Puerta de la Luna y amenaza con arrojarla al vació desde allí, pero lo que ocurre es que Meñique empuja a Lysa.

CURIOSIDADES

Aidan Gillen explicó por qué esta serie y su otra gran contribución al medio televisivo, *The Wire*, continúan siendo aclamadas: «Tiene éxito por sus dimensiones; son enormes. Eso no es una receta segura para el éxito; este se debe al hecho de que es una serie de fantasía enraizada en la experiencia humana y en temas humanos de mucho calado —familia, guerra, venganza, amor, muerte— y en que se ha puesto mucho empeño en darles vida a todos esos personajes del libro, que están muy bien escritos, con el mayor detalle posible. Claro que no puedes ponerlo todo, porque el tiempo de que dispones es limitado. Pero hay un tremendo esfuerzo por mantener varias líneas argumentales paralelas, muchas de las cuales todavía no han llegado a encajar entre sí, a lo largo de mucho tiempo [...]. Es fácil imaginar que la mayoría de los productores de televisión no confiarían en que los espectadores tuvieran tanta paciencia y acelerarían las cosas, lo cual es una manera mucho menos interesante de contar la historia.

»Eso nos lleva nuevamente a *The Wire*, donde podían hacer falta hasta cinco temporadas para que una historia adquiriera sentido. Además de ser un espectáculo, *Juego de Tronos* ha sido innovadora en dos sentidos. Uno, con la muerte de Ned Stark en la primera temporada, te das cuenta de que puede suceder cualquier cosa, que es un mundo brutal y los personajes no van a sobrevivir solo porque sean protagonistas. Es un mundo de fantasía, pero está inspirado en acontecimientos históricos reales, como la guerra de las Dos Rosas, y la gente muere y cualquiera puede ver que decapitan a un familiar.

»El otro elemento innovador, todavía más que en *The Wire*, es la existencia de todas esas líneas argumentales paralelas que permanecen separadas durante tanto tiempo. Es verdad que estamos reflejando los libros, así que podíamos tomarnos libertades pero hasta cierto punto. Ahora bien, hay que tomárselas, porque a veces da la sensación de que un personaje desaparece de la historia durante demasiado tiempo, y eso no siempre funciona en el medio televisivo. Los guionistas se han mantenido lo más fieles posible a los libros durante el mayor tiempo posible, lo cual me parece admirable.»

Este episodio contiene el primer día de grabación de Pedro Pascal, que interpreta a Oberyn Martell. Es la escena en la que le dice a Tyrion que será su campeón y Pascal estuvo a punto de acabar herido, porque en cierto momento se inclinó excesivamente hacia atrás y poco faltó para que hiciera saltar de su soporte la antorcha encendida que tenía encima.

Si bien ha matado indirectamente a numerosas personas, esta es la primera vez que vemos cómo alguien muere a manos de Meñique.

ANÁLISIS POSTERIOR

El episodio estableció un nuevo récord: más de 7,2 millones de visionados. Y una vez más tuvo la unanimidad de *Rotten Tomatoes*. Los dos datos son magníficos.

LA MONTAÑA Y LA VÍBORA

Cuarta temporada, octavo episodio
Escrito por David Benioff y D. B. Weiss
Dirigido por Alex Graves

Ygritte le perdona la vida a Gilly mientras los salvajes masacran la aldea en la que vive ella. Por su parte, Ramsay habla con Hediondo para que vuelva a ser Theon Greyjoy con el objetivo de intentar que se infiltre en Foso Cailin. La treta surte efecto y Ramsay consigue hacerse con la fortaleza.

En el mar Angosto, Daenerys descubre que a Jorah al principio lo contrataron para espiarla, así que le ordena que se vaya de su lado, deje Meereen y que no vuelva a poner los pies allí.

Pero el momento culminante del episodio es el juicio por combate del cual depende la vida de Tyrion. Como no sabe lo bueno que es el príncipe Oberyn, Tyrion se teme lo peor, pero enseguida queda claro que la confianza del príncipe está justificada. Supera a la Montaña y en lugar de acabar con él exige que confiese quién asesinó a su hermana. Esos segundos bastan para dar ventaja a la Montaña, que mata a Oberyn con sus manos. Tyrion sabe que sus días están contados.

CURIOSIDADES

Es la primera vez que a la Víbora Roja de Dorne se la llama por este nombre en *Juego de Tronos.*

La conversación entre Tyrion y Jaime sobre su primo, Orson Lannister, que se dedicaba a matar escarabajos, no está en los libros.

La muerte de la Víbora Roja supuso un duro golpe para los espectadores, que una vez más asaltaron las redes sociales para expresar su consternación. De nuevo los *spoilers* fueron el gran tema del momento. Las diferencias horarias entre distintas zonas del planeta hizo que muchas personas se enteraran de lo que pasaba por su cuenta de Twitter o de Facebook antes de poder verlo, y se enfadaron, claro.

ANÁLISIS POSTERIOR

Otro gran índice de audiencia para la serie. Este octavo episodio lo vieron más de 7,1 millones de personas. La conmoción que sintieron los espectadores cuando vieron la parte final del episodio se transfirió a los críticos. Elogiaron los giros y las variaciones del guion, pero también les gustó mucho lo bien construida que estaba la escena final.

LOS VIGILANTES DEL MURO

Cuarta temporada, noveno episodio
Escrito por David Benioff y D. B. Weiss
Dirigido por Neil Marshall

El episodio está dedicado a una sola cosa, el intento de invasión del Castillo Negro que llevan a cabo los salvajes. El principio está lleno de tensión en ambos bandos mientras se preparan para la batalla. Los salvajes intentan tomar el castillo desde ambos lados y los gigantes escogen el túnel como objetivo.

Seis hombres de la Guardia de la Noche sacrifican su vida, Grenn entre ellos, defendiendo con éxito el túnel.

En el transcurso de la batalla, Jon consigue afianzar su posición haciéndose cargo de la defensa del castillo. Actúa como un héroe en su defensa y mata a varios salvajes hasta que consiguen asegurar el Castillo Negro.

Durante la noche, tiene abrazada a su querida Ygritte, herida de muerte, hasta que ella expira. Aunque el castillo ya no corre peligro, Jon sabe que los salvajes volverán y decide ir más allá del Muro para ver al Rey-Más-Allá-del-Muro.

CURIOSIDADES

El aclamado director del género de terror Neil Marshall dirigió este episodio. En la segunda temporada ya había dirigido «Aguasnegras», otro episodio íntegramente dedicado a una batalla. Y la dirección de «Los vigilantes del Muro» le valió la nominación al Emmy en la categoría de director de una serie dramática.

Durante el episodio hay una toma realmente épica. Marshall la explicó de la siguiente manera: «La primera vez que entré en el set del Castillo Negro, reparé en que tenía 360º. Cuando estás en el patio, tienes todo el decorado alrededor de ti. Enseguida pensé que quería hacer un plano de grúa que grabara los 360º sobre la batalla. Entonces se me ocurrió que tendría que relacionar a todos los personajes entre sí en un solo plano, mostrando dónde se encuentran mediante vistas particulares de la batalla. Lo ensayamos durante cosa de una hora, con todos los extras y todos los especialistas. La cámara instalada en la grúa se movía girando a tal velocidad que si llega a chocar con alguien lo mata. Lo hicimos en siete tomas y ahí no hay ni un solo truco, todo es un plano. Teníamos un gran equipo de especialistas y lo organizaron todo en secciones; cada sección tenía asignado un número y mientras la cámara iba moviéndose en círculos gritaban un número; al oír su número, los de esa sección empezaban su actuación. Descomponerlo de esa manera lo hacía todo mucho más simple, pero, aun así, siempre está el azar, que puede hacer que alguien dé un paso a la izquierda y provoque que la cámara choque con el que se ha equivocado o vete tú a saber qué.»

Harington también habló de la batalla: «Todo se filmó en Belfast, repartido entre un decorado y el estudio; el decorado era el extremo superior del Muro, y el estudio, el Castillo Negro, que a estas alturas de la serie ya conocen bien los espectadores. Fueron dos semanas enteras de sesiones de rodaje nocturno repartidas a lo largo de cosa de un mes, lo que ya sitúa tu estado mental en cierto punto psicológico; encima tienes que hacer escenas en las que estás diciéndoles adiós a actores que aprecias. Fue una de las cosas más exigentes tanto física como emocionalmente que he hecho en mi vida; lo fue para todos nosotros, creo, pero la verdad es que el esfuerzo valió la pena. Sentías como si estuvieras rodando una película *Juego de Tronos* dentro de *Juego de Tronos*, y de todas maneras la serie ya es como una película, muy cinematográfica. Todos llegamos a estar de lo más compenetrados durante el tiempo que pasamos rodándola.»

Es la primera vez que vemos mamuts en *Juego de Tronos*.

ANÁLISIS POSTERIOR

Una vez más la recepción de los críticos fue buena y muchos de ellos elogiaron a los productores por un episodio tan ambicioso y con un resultado visual tan épico.

Casi siete millones de espectadores vieron el episodio.

LOS NIÑOS

Cuarta temporada, décimo episodio
Escrito por David Benioff y D. B. Weiss
Dirigido por Alex Graves

El episodio empieza con Jon Nieve intentando negociar con Mance Rayder. No hay acuerdo a la vista, pero la reunión se ve interrumpida cuando Stannis aparece con su ejército.

Unos espectros matan a Jojen, pero uno de los niños del bosque que los acompañan salva a Bran y le dicen que lo llevarán hasta el cuervo de tres ojos.

Cersei le pide a Tywin que ponga fin a su propuesta de matrimonio con Loras. Cuando su padre se niega, Cersei amenaza con contar al mundo su amor incestuoso por su hermano.

Tyrion está a la espera de que lo ejecuten, pero Jaime trama un plan de evasión para su hermano. Una vez que Jaime ha rescatado a Tyrion, este se dirige a los aposentos de su padre y ve a Shae en la cama de Tywin. La mata y después mata a su padre.

El último plano muestra a Arya poniéndose en camino hacia Braavos con la moneda entregada por Jaqen H'ghar.

CURIOSIDADES

El episodio dura sesenta y seis minutos; es decir que es el más largo que ha habido en la serie hasta el momento.

La escena de los espectros se inspira en la clásica de la película *Jasón y los argonautas*, en la que unos esqueletos, animados fotograma a fotograma, luchan con los héroes. Fue concebida por el ya fallecido Ray Harryhausen, el legendario creador de efectos especiales.

Graves dijo: «En cuanto leí el guion, llamé a David y Dan, fui directo a Hollywood, me reuní con ellos y les pregunté: "¿Estamos hablando de los zombis que hemos hecho hasta ahora o esos tipos podrían ser pero que muy peligrosos?" Me respondieron que eso sería estupendo. Así que están yendo a través de una llanura nevada y, de pronto, empiezan a surgir esqueletos de la nieve, a lo Ray Harryhausen; es como un homenaje privado que le hacemos en esa secuencia. Salen de la nieve a doscientos por hora, y están allí para matar a Bran y Jojen antes de que lleguen a su destino, y llevan unos mil años esperando. Nadie sabía cómo iba a ser la secuencia, y [no] figuraba para nada en el marketing, lo cual es la acción de marketing más brillante que he visto en mi vida.»

ANÁLISIS POSTERIOR

Más de siete millones de espectadores vieron «Los niños», que fue un episodio muy elogiado por los críticos; de hecho, muchos de ellos dijeron que era el mejor de la temporada.